まえがき

　劇場では、さまざまな催し物が行われますが、劇場の技術者たちは主催者・実演家・観客が最大限に満足できるように、その催し物へ技術的支援を行います。そのためには、舞台進行・舞台音響・舞台照明に関する知識や技能の習得だけでなく、施設と設備機器の保守点検や修繕、人材の育成や法令遵守など、やるべきことが数多くあります。

　劇場技術マネジメントとは、それらの統括管理をすることです。

ここで留意すべきは次のことです。

① 目標達成のために、それぞれの技術者が果たすべき使命を認識させ、実行させる。

　「マネジメント」は「リーダーシップ」と混同されやすいのですが、リーダーシップは「方向性を示すこと」であるのに対し、マネジメントは「設定した目標に沿って運営すること」です。つまり、劇場技術マネジメントを行う管理者は、設定された劇場の目標達成のために、それぞれの技術者に対して使命を設定し、それが目標達成に必要であると十分に認識、実行させます。また、そのプロセスも管理して、技術者の状態を把握し、指導していくことも行ないます。このようにして、組織と個人が向かうべき方向とやるべきことをすり合わせて、目標を達成することがマネジメントなのです。

② 劇場技術者が自ら想像力を発揮し、自己実現を図れるようにする。

　管理者は一方的に命令指導するのではなく、それぞれの技術者の能力や適性を考慮して、自ら物事を考え、状況に合わせて新しい発想や方法で業務に取り組めるように見守り、サポートしていくことが重要です。これにより、技術者は主体的に業務を行い、達成感や満足感を得られ、自己実現を体感するようになります。

③ 劇場技術者が果たすべき使命を達成することは、舞台業界だけでなく、広く社会への貢献につながっている。

　劇場で演じられる演劇や音楽の力は、文化的なことだけでなく精神衛生の向上にまで及んでいます。芸能制作に携わるスタッフは、実演家と共に地域住民に元気と勇気を与え、夢と希望を膨らませる役目を担っています。そのことは立派な社会貢献であり、これを誇りにして仕事にいそしむべきです。

GGM team

[構成団体：一般社団法人日本音響家協会／一般社団法人日本舞台監督協会]

目　　次

凡　例

＊専門用語とスタッフの綴りの終わりが -er、-or、-ar などの原語をカナ書きする場合、その言葉が
　2 音節以下のときのみ語尾に長音符号を付している。（例 power ＝パワー、monitor ＝モニタ）
　-gy、-ly、-py などで終わる場合は長音符号を付している。（例 energy ＝エネルギー）
＊用語に該当する外国語があれば、できる限り綴りを掲載し、( )内に語籍を示した。表記していない
　ものは英語で、英語と米語が異なっている場合は（英）、（米）と表記し、ドイツ語は（独）、スペ
　イン語（西）、フランス語は（仏）などと示している。
＊外国語を発音する場合の区切り点（ナカグロ＝「・」）については、現場で慣用的に使われている
　ものを重視した。
＊章または部の最後には❖を記載している。

第1章

舞台芸能とは

　芸能とは、ひとつには体得し体現できる芸、身に付けた芸の能力または芸術と技能でもある。

　「芸能」は広く使われている表現であり、大衆芸能を想起させるものを含む一方、能楽や歌舞伎などの伝統的なもの、演劇・舞踊・音楽・演芸・民俗芸能等まで含まれている。

　古くは、時と場所を限定した瞬時の演技や演奏によるものであって直ちに消滅するものであったが、現在は録音・録画によって表現されるものも芸能と呼ばれている。

　芸能は英語のパフォーミング・アーツ（performing arts）の訳語として用いられることがある。直訳すると「上演芸術」となるが、「舞台芸術」という人も多い。

　「芸能」という名称は古くから用いられていて、「芸能実演家」「芸能従事者」と冠した団体も多いことから、本書では「芸能」を用いることにした。

　また、芸能を演じることを上演といい、上演する場所は劇場であるが、それ以外に、さまざまな場所で演じられることが多くなり、総合して「演出空間」とも呼ばれている。それらの施設名も「会館・文化会館・ホール・公会堂・創造センター・コンサートホール」など、さまざまである。本書では「劇場等」に統一して、催事や芸能を開催する施設と捉えることにした。

第1項 雅楽

　雅楽（ががく）は、俗楽に対する「雅正の楽（上品な音楽）」という意味をもっている。狭義では701年に創設された雅楽寮（ががくりょう＝うたまいのつかさ）で所管された外来の音楽と舞を指すが、正式には日本古来の音楽や舞や平安時代に新しく作られた歌曲を含めた総称である。

　これらの雅楽は、1200年以上も形を変えることなく受け継がれ、現存する合奏音楽としては世界最古と言われており、その音楽的価値は高く評価されている。

　また、能楽・文楽・歌舞伎と共にユネスコ無形文化遺産になっている。

　雅楽についての概要は、宮内庁ホームページから以下に引用する。

　『日本には上代（じょうだい）（昔）から神楽歌（かぐらうた）・大和歌（やまとうた）・久米歌（くめうた）などがあり、これに伴う簡素な舞もありましたが、5世紀頃から古代アジア大陸諸国の音楽と舞が仏教文化の渡来と前後して中国や朝鮮半島から日本に伝わってきました。雅楽は、これらが融合してできた芸術で、ほぼ10世紀に完成し、皇室の保護の下に伝承されて来たものです。その和声と音組織は、高度な芸術的構成をなし、現代音楽の創造・進展に対して直接間接に寄与するばかりでなく、雅楽それ自体としても世界的芸術として発展する要素を多く含んでいます。

　雅楽には、日本固有の古楽に基づく神楽・倭舞（やまとまい）・東遊（あずまあそび）・久米舞（くめまい）・五節舞（ごせちのまい）などの国風（くにぶり）の歌舞のほかに、外来音楽を基として作られた大陸系の楽舞すなわち中国系の唐楽（とうがく）と朝鮮系の高麗楽（こまがく）、そして、これらの合奏曲の影響で平安時代に作られた催馬楽（さいばら）と朗詠（ろうえい）の歌物とがあります。演奏形式は、器楽を演奏する管絃と舞を主とする舞楽と声楽を主とする歌謡とに分かれています。使用される楽器には、日本古来の神楽笛・和琴などのほかに、外来の笙（しょう）・篳篥（ひちりき）・笛などの管楽器と、箏（そう）・琵琶（びわ）などの絃楽器と、鞨鼓（かっこ）・太鼓（たいこ）・鉦鼓（しょうこ）・三ノ鼓（さんのつづみ）などの打楽器があります。』

1. 国風歌舞（くにぶりのうたまい）

神楽・倭舞・東遊・久米舞・五節舞など、日本古来の歌謡とこれに伴う舞を基に平安時代中期に完成した歌と舞のことで、大陸系の影響を受けており、外来楽器の篳篥を伴奏音楽に採り入れている。

2. 大陸から伝来した楽舞

5 世紀頃から 9 世紀頃までに朝鮮や中国などから伝来したアジア大陸諸国の音楽と舞踊を基本にして、平安時代に完成した器楽曲と舞である。

それまでは渡来したままの形で演奏されていたが、平安時代になってから次第に整理され日本化した。伝来のルートによって「左方」と「右方」とに分けられていて、楽器編成が異なっている。左方は、中国・中央アジア・インドなどを起源とするもので、これを「唐楽」という。右方は、朝鮮や中国東北部を起源とするもので「高麗楽」という。

また、舞が伴わない演奏だけのものを「管絃」といい、舞が伴うものを「舞楽」という。

このような変革をするとともに、日本人による作曲・編曲・作舞が盛んに行われて、現在のような精細で優美な日本独特の雅楽が完成したのである。

左方と右方は、日本から大陸に向かって左側の中国から伝わったものを左方、右側の朝鮮半島から伝わったものを右方と覚えればよい。

3. 雅楽の舞台

雅楽の舞台は、能楽の参考にもなっていると考えられる。

左方の舞は「左舞」といい、演者は舞台後方の左側の幕から登場して高舞台後方中央の階段から舞台に上がる。装束は赤色である。右方の舞は「右舞」といい、舞台後方の右側の幕から登場する。装束は緑色である。

高舞台は高欄に囲まれた部分のことで、敷舞台は演技をするエリア、楽屋は演奏する部屋である。

図 1-1《宮内庁式部職楽部の舞台》

第2項 能楽

能楽は「能」と「狂言」に分けられ、以前は「猿楽」と呼ばれていた。猿楽は、観阿弥（親）と世阿弥（子）によって大成されたもので、現存する演劇として世界最古のものである。

能楽と呼ばれるようになったのは1881年（明治14年）のことで、明治維新によってそれまで幕府に庇護され（守られ）ていた猿楽の演者たちが失業したため、その継承をする組織「能楽社」を岩倉具視たちが設立したときからである。

能楽を演じる能楽師は、「シテ方」「ワキ方」「囃子方」「狂言方」の4種に分かれていて、「囃子方」は「笛方」「小鼓方」「大鼓方」「太鼓方」に分かれ、兼務することはない。シテは主役で、ワキはシテの相手役である。

「ワキ方」「囃子方」「狂言方」は「三役」と呼ばれる。

シテ方は斉唱（せいしょう＝大勢で歌うこと）をする「地謡」を担当したり、演者をサポートする「後見」も行う。後見は主後見と副後見が存在して、演能中に主演者が故障したときは主後見が代役を勤める。

「能」は一種の音楽劇で、セリフは役者がいう部分と「地謡」と呼ばれる合唱団が受け持つ「謡」がある。「地謡」は8人編成で、流派によって異なるが後列の内側のどちらかが首席で地頭という。

器楽演奏は「囃子」といい、太鼓（床に置いてバチで打つ）・大鼓（左の膝上に構えて右手で打ち「おおかわ」ともいう）・小鼓（左手で持って右肩に構えて右手で打つ）・笛（能の笛なので能管ともいう）が用いられる。太鼓を用いない演目も存在する。

大鼓の皮は、演奏前に炭火で2～3時間ほど乾かして使用するので、2～3曲の演奏で破けてしまうので消耗品扱いとなる。乾かすことを「焙じる」という。長時間の演奏のときは、徐々に湿った音になるので、途中で乾いた皮に交換することもある。

これら4種の楽器を「四拍子」と呼び、後の文楽、歌舞伎、日本舞踊の基本的な伴奏楽器になっている。

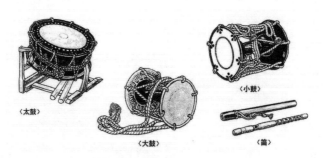

図1-2《能楽で使用する4つの楽器》

「狂言」は、台詞と仕草を主とした劇である。主役を「シテ」、その相手役を「アド」という。台詞は昔の言葉のままで独特の調子ではあるが、現代人でも理解できる。物音（効果音）を擬声語（オノマトペ）で表現している。

狂言には、大名、大名に仕える家臣、山伏、農民、神、雷神、鬼などに扮した人物が登場し、それぞれが引き起こす失敗や間違いを愉快に演じる。

狂言方は、能の前半（前場）と後半（後場）の間（中入り）に登場して物語をするが、これを間狂言という。

能のシテ方には、観世流、宝生流、金春流、金剛流、喜多流の流派がある。

狂言には、大蔵流と和泉流がある。

第 3 項　文楽

文楽とは江戸時代に大阪で成立した人形劇のことである。

文楽という名称は人形劇を上演する劇場名であった。それまでは「人形浄瑠璃」と呼んでいた。つまり、浄瑠璃という音楽にあわせて演じられる人形芝居という意味である。

かつて、『平家物語』を琵琶の伴奏で語って聞かせる「平曲」で、室町時代の中頃、浄瑠璃姫と牛若丸との恋物語を描いた『浄瑠璃姫十二段草子』が大評判となり、それ以後、平曲を「浄瑠璃節」というようになった。

1562 年、琉球から三本弦の楽器である三線が日本に伝来し、それを改良して三味線ができた。それを伴奏楽器にした浄瑠璃節は音楽的に大きな飛躍を遂げ、浄瑠璃の演奏にあわせて人形を操ったのが現在の文楽である。

三味線を用いた浄瑠璃は竹本義太夫によって創始されたので「義太夫節」と呼ばれるようになった。竹本義太夫は劇作家の近松門左衛門と組んで、物語性を充実させて人形浄瑠璃を隆盛させた。

初期の文楽は一つの人形を一人で操作していたが、次第にリアルな動きが追求され、現在のように 3 人で操作するようになった。足を動かす役を「足遣い」、左手だけを動かすのは「左遣い」、「首」と書いて「カシラ」と呼ぶ頭部と右手を操作するのは「主遣い」と呼んでいる。左遣いは右手で人形の左手を操作し、左手で小道具などを扱う後見の仕事もしている。

第 4 項　歌舞伎

歌舞伎は西洋のオペラと同時期の 1603 年に誕生して、400 年以上の歴史を持っている。ただし、現在の形になったのは江戸時代である。

豪華な舞台装置で、派手な衣装で着飾った俳優たちが登場して、大げさな演技をするのが特徴で、オペラと大きく異なるのは三味線音楽を用いていることである。

歌舞伎には、切腹、殺人、心中、詐欺、いじめ、差別などを扱った作品が多い。切腹以外はいずれもそのまま現代に通じる出来事であるから、いつの世の庶民も共有できるテーマである。そして、それらの作品において悪人をとことん憎たらしく描き、それを演じさせることで観客の善の心をくすぐって、観客に勧善懲悪を訴えるという作品が多い。

歌舞伎は「美」を重んじた演劇であるから、殺人や心中の場面も美しく描かれている。

殺人を犯して逃げていく人物に拍手喝采をするのも考えれば不思議なことであるが、これは役者に対しての称賛であり、他の演劇ではあまり見られない特徴である。

現在の作品のようになったのは、近松門左衛門作の文楽公演で評判になった作品をすぐに江戸の歌舞伎で上演してからで、このことが新しい形の歌舞伎を築いたのである。

現在上演されている歌舞伎作品のほとんどは、近松門左衛門以降の作品である。

その他の代表的な狂言作者は、鶴屋南北と河竹黙阿弥の二人である。黙阿弥が唱えた「三親切」はプロとしての心構えで、私たちにも通じる。役者（俳優）・見物（観客）・座元（劇場主）が喜ぶ脚本を書けと門弟たちを指導したのである。

歌舞伎の特徴は、狂言作者が打つ「柝」とよぶ拍子木の音で進行させることである。もう一つは定式幕と呼ばれる茶・黒・緑の縦縞の引き幕である。また、回転舞台や迫りは、歌舞伎独特の醍醐味である。

また、雨・風・波・雪などの効果音を大太鼓で表現するのも、歌舞伎の特徴である。

図 1-3《柝を打つ狂言作者　竹柴蟹助氏》

第 5 項　日本舞踊

日本舞踊とは、日本における『おどり』の総称である。

広義には神楽や伝承民俗芸能で盆踊りや民謡なども含まれるが、狭義には歌舞伎舞踊とその系統の舞踊など舞台芸能としての「おどり」で、日舞とか邦舞と呼ばれている。

日本舞踊には舞楽と能楽の要素や、さまざまな民俗芸能の要素が含まれていて、古代から現代に至るまで、400 年以上もの歴史を経て大成されたものである。

現在は、歌舞伎を母体とする歌舞伎舞踊、上方（関西）で江戸時代中期に全盛期を迎えた上方舞または座敷舞、京舞と呼ばれた舞踊、そして現代の創作舞踊など、さまざまな形がある。

日本舞踊の要素は大きく分けると次のようになる。

1. 歌舞伎舞踊の要素

歌舞伎と共に発展した舞踊で「所作事」とも呼ばれ、歌舞伎の演目の一つとして浄瑠璃や長唄を伴奏として演じられるものである。歌舞伎の写実的な動きを抽象化させた要素と、歌舞伎の様式美の要素を持っている。

2. 能楽の要素

能の旋回動作や摺足という床を擦って歩行する技法が採り入れられたものである。京舞には、この要素が多く含まれている。

京舞とは、京都で発達した座敷舞で、主に地歌（京阪地方の伝承曲）の伴奏で舞う繊細優美な手振りが特徴である。

3. 民俗芸能の要素

郷土の民俗芸能の要素であって、飛び跳ねる跳躍の動作がある。

第 6 項　演芸

演芸とは寄席芸能の総称で、落語・講談・浪曲・漫才・手品など大衆芸能のことである。

寄席とは、これらを上演する劇場のことで演芸場ともいう。

寄席で用いられる用語に次のようなものがあるが、これだけで演芸界のことが理解できる。

① 高座：演じる場所のことで、一段高い台を置くこともある。

② めくり：高座の脇に置く、出演者の名前を書いた紙の札のこと。

③ 寄席文字（寄席字）：めくりに書く文字の書体。

④ 出囃子：落語家や漫才師などが登場するときに演奏する音楽。演者によって曲は異なる。

⑤ 定席：常設の寄席（演芸場）。1ヶ月を 10 日ごと 3 つに区切って演者を替えて上演し、それぞれ上席、中席、下席という。

⑥ 席亭：寄席の運営者や経営者のこと。

⑦ 割：一日毎の客の入りと演者の格に応じて支払われる出演料のこと。

⑧ 色物：落語・講談に対して漫才・曲芸・奇術（手品、マジック）などのこと。

⑨ 前座：落語の格づけの最下位の人。本番の前に演ずること、または演ずる人。

⑩ 二つ目：落語家の格で、前座の上で、真打ちの下。

⑪ 真打ち：落語家などの最高の資格で、寄席で最後に出演できる人。

⑫ 中入り：途中の休憩。

⑬ 食い付き：中入り後、最初に出演すること、またはその芸人。

⑭ とり：最後に出演する人。主任ともいう。

1. 落語

ストーリーのある滑稽な話を身振りを加えて演じ、最後に洒落などで話を結ぶ。洒落はその話に合った客を笑わせる文句で「落ち」または「サゲ」といい、落語のことを「落し話（噺）」ともいう。

作品の内容によっては、サゲは必ずしも必要としない。

この世界では「話」を「噺」と書くことが多い。

2. 講談

軍談（戦争の話）・仇討ち（敵討ちの話）・侠客伝（弱い者を助け、強い者をくじく話）・世話物（恋愛・義理・人情の話）などを、調子をつけて語る話芸である。

3. 浪曲

明治時代初期から始まった演芸で、「浪花節」ともいう。三味線を伴奏にして独特の節と語りで物語を進める話芸である。

第 7 項　琉球芸能

沖縄の伝統的な芸能で、舞踊と組踊がある。

琉球舞踊は、沖縄県内で継承されている舞踊の総称で、2009 年 9 月 2 日に重要無形文化財に指定されている。俗に琉舞ともいう。琉球舞踊は、三線、箏、笛、太鼓、胡弓で構成される地謡によって演奏される琉球古典音楽に合わせて踊る。歌は三線演奏者が歌う。三線は江戸期に日本に伝わり三味線に改良された。

琉球舞踊は古典舞踊、雑踊り、創作舞踊に大別される。古典舞踊は、琉球王国時代に中国からの使者（冊封使）を歓待する舞台で踊られたことを機に発展した。

組踊は、琉球王国時代の沖縄に創始された歌舞劇である。組踊は、能楽・狂言・歌舞伎・京劇などの影響を受けて創作されたといわれ、中国や日本の故事、琉球の民話を題材に琉球舞踊や琉球古典音楽を基礎として発展した。

2010 年にユネスコ無形文化遺産リストに登録されている。

第8項 オペラ　opera

16世紀末ごろ、イタリア・フィレンツェで起こった音楽活動がオペラ誕生のきっかけとなり、その後、ローマを経て開花し、貴族の宮廷で演じられるオペラから、民間劇場での上演へと発展しつつ、イタリア国外にも波及していった。

歌舞伎と同様に400年以上の歴史を持つオペラの基本は音楽であるが、対話により演じる「演劇の要素」、視覚的な舞台効果を創る「絵画の要素」がある。

オペラの特徴は、豪華な舞台に着飾った歌手たちが登場し、演技しながら生声で歌唱することである。

図1-4《オペラ・フィガロの結婚　写真提供：国立音楽大学》

演劇と同様に台詞もあるが、台詞部分に楽譜が存在し、話すような歌唱「レチタティーヴォ」で行われる。後に台詞付きの音楽劇はフランスやドイツで発展し、「オペラ・コミック、ジングシュピール、オペレッタ」、スペインでは「サルスエラ」が誕生した。

アメリカではオペレッタとジャズが融合して、「ミュージカル」になった。

オペラは、大劇場においては交響管弦楽団による伴奏が定番となっているが、小さい劇場においてはチェンバーオペラ、セミ・ステージオペラ、ブラックボックスオペラなどと呼ばれる小編成の室内楽やピアノやエレクトーン伴奏による小規模なオペラなども多く上演されている。また、作曲された時代や地域（国）によって趣向を凝らし、時代と共に楽器やオーケストラの編成や歌唱法も変化している。

オペラの脚本はリブレットと呼ばれる。初期はギリシャ悲劇を原作としていたが、モーツァルトの時代以降は当時流行した小説や戯曲をオペラ化したものが多い。

第2次世界大戦以降のオペラは、古典の曲であっても伝統にとらわれず、演出家の発想で自由に制作している。現在、主に次のような演出方法がある。

　①伝統的なスタイルで時代考証を重んじる演出

　②別の時代に設定を移す演出

　③装置や衣装を抽象的にして、物語のテーマを強く浮き立たせる演出

オペラに登場する歌手は、伝統的に歌手の持つ声の音域や質によってキャスティングされてきたが、現代では役柄に合う容姿も重要な要素になっている。

第 9 項　クラシック音楽　classical music

　　一般には西洋の伝統音楽のことで、狭義には、ハイドン、モーツァルト、ベートーベンに代表される古典派の音楽のことである。

　　それに対して、西洋以外の古典音楽や純民衆的な音楽は、民俗音楽と呼ばれる。

1.　器楽

　　西洋音楽において楽器演奏を中心とした音楽のことで、声楽の対語である。

　　器楽のための楽曲を器楽曲という。演奏形態は、独奏、斉奏、重奏、合奏がある。

　　① 独奏（solo）：単一楽器による演奏の形態

　　② 斉奏（unison）：多くの同種または異種の楽器で、同じメロディーを演奏すること

　　③ 重奏：各パートを一人ずつの演奏者が受け持つ器楽の演奏形態。二重奏・三重奏など

　　④ 合奏：二つ以上の楽器で演奏すること

2.　管弦楽　orchestral music

　　種々の管楽器・弦楽器・打楽器を組み合わせた大規模な合奏のことで、普通は各パートに複数の奏者がいるものをいう。通常は、指揮者により統制されて演奏する。

　　交響楽団（symphony orchestra）と呼ばれる大規模なものもあり、小規模で弦楽器中心のものは室内管弦楽団あるいは室内オーケストラ（chamber orchestra）と呼ばれる。

　　ロマン派音楽の頃のオーケストラ編成が、標準的な編成となっている。

　　古典的な作品の演奏は若干小規模で、近代的なものは大規模の傾向にあり、これらの編成は各木管楽器の人数によって二管編成、三管編成、四管編成などと呼ばれる。

　　また、編成を表現するのに「プルト」という単位を用いている。

　　プルトとは独語の Pult で、譜面台のことである。オーケストラでは、第 1 バイオリンの人数によって、他の弦楽器奏者や全体の構成数が決まるため、総人数を第 1 バイオリンのプルト数でいうことが多い。

　　弦楽器は 2 名で 1 台の譜面台を使うため、8 プルトと表記した場合は奏者が 16 人ということになる。

　　また、弦楽器奏者は客席側の奏者が上位の演奏者であるため、客席側の奏者をプルト表、舞台奥側の奏者をプルト裏という。なお、弦楽器に限らず各パートの首席演奏家は「トップ奏者」と呼ばれる。

3.　室内楽（chamber music）

　　小編成の器楽合奏音楽のことで、普通は 2 名〜 9 名程度の演奏形態である。チェンバー・ミュージックともいう。

4.　声楽

　　人の声による音楽の総称で、器楽の伴奏があるものも含まれる。

　　歌曲、連作歌曲、合唱曲、オラトリオ、カンタータ、ミサ曲、受難曲などがある。

第 10 項　ダンス　dance

　　ダンスは宗教の儀式や祭事のときにコミュニケーションの目的などで踊られており、世界中のあらゆるところで多種多様なダンスが存在している。ダンスとは演奏に合わせて体を動かす一連の流れの演技である。

ダンスはソロやデュエット、または集団で演じられ、次のような目的がある。
①　神々への礼拝
②　国事の祝福
③　歴史の伝承
④　権力への反抗
⑤　戦闘前の儀式

ダンスは、さまざまな芸能のルーツにもなっている。

すべての民族は固有のダンスを持っていて、鳥など動物にも特有のダンスが見られる。

日本では古事記の神話に「岩戸に隠れた天照大御神が、天宇受売命の踊りを見たさに岩戸を開けたと書かれていて、ここにもダンスの起源を見ることができる。

現在のスポーツでも見られる。ラグビーワールドカップでニュージーランド選手が試合前に士気を高めるために見せてくれた「ハカ」、サッカー選手がゴールを決めるたびに喜びを表現するために踊るダンスなど、さまざまある。

アジアのダンスには、歴史的な出来事や物語などを、ダンスの形態で表現するものがある。また、演劇と結びついて発展してきたものもある。

代表的舞踊劇には、日本の能や歌舞伎、中国の京劇、インドのカタカリ、ジャワ島のワヤン・オラン、バリ島のレゴンなどがある。

ドイツの劇作家ブレヒトの作品には、京劇や能の影響を受けたものがある。

また、庶民のダンスとして、宗教儀式や豊作を願うものが目立っている。日本の盆踊りは祖先の霊を祀る行事として盆に人が集まったときに行われるものである。

欧州では中世以降、貴族社会の舞踏会が盛んであったことで、社交ダンスが根付いている。フォークダンス、ソーシャルダンス、モダンダンス、コンテンポラリーダンスなど、そしてバレエである。

スペインのフラメンコも有名で、カンテ（ボーカル）、ギターラ（ギター）、カホン（箱形打楽器）が主体となった演奏で、パルマという手拍子も入る。

米国は、アフリカやヨーロッパの影響を受けているが、アメリカで生まれた独自の音楽で踊るスタイルがある。ジャズダンス、スクウェアダンス、タップダンス、そしてストリートダンスとしてヒップホップやブレイクダンスなどがある。

中南米には、ヨーロッパ系移民が作りだしたものとアフリカ系移民が持ち込んだダンスがある。マリネラ、サルサ、ルンバ、チャチャチャ、タンゴ、サンバなどである。

第11項　バレエ　ballet

バレエはルネサンス期のイタリアで生まれ、決められた動きやポーズで構成された劇場で披露することを目的としたダンスである。バレエは「ロマンティック・バレエ」、「クラシック・バレエ」、「モダン・バレエ」の3つに分けられる。

1. ロマンティック・バレエ

18世紀後半にフランス革命が起こると、伝統や権威に反発し自由で神秘的なものを重んじるロマン主義がヨーロッパに勢力を広げ、ロマンティック・バレエが誕生した。妖精や悪魔が登場する幻想的なものやエキゾチックなものが多い。

2. クラシック・バレエ

フランスの宮廷バレエがロシアに伝わって、フランス人のジャン・バティスト・ランデ
らによりバレエ学校が創立された。フランスでロマン主義が衰退した後も、ロシアでは
ロマンティック・バレエが踊り続けられ、独自の発展をした。

ドラマ主体のロマンティック・バレエに、物語とは無関係のダンスシーンを取り入れた
ものでクラシック・バレエと呼ばれるようになった。

クラシック・バレエでは、さらに発展し技法が複雑になり、動きやすいように丈の短い
バレリーナがつけるスカート（チュチュ）が考案されたりした。

3. モダン・バレエ

伝統的なクラシック・バレエに対し、新しい感覚で個性的表現を追求する傾向のバレエ
である。ストラヴィンスキー作曲の「春の祭典」などがある。

4. バレエの用語

バレエはフランスで発展したため、バレエの振付用語は基本的にはフランス語を用いて
いる。

近代バレエの特徴は「爪先立ち」を多用するが、これをフランス語でポワント(pointe)、
英語では「トウ (toe)」といい、履く靴を「トウシューズ」と呼んでいる。

足の裏を舞台に付けて立つ立ち方は「ポジション」という。

バレエ舞踏の重要な技法としては跳躍と回転がある。「ジュテ (jeté)」は片足を前方に
投げ出しその方向へ飛ぶことで、空中での足の位置や跳躍の大きさによって細分されて
いる。「アン・ドゥオール (en dehors)」は両足を外側に開くことで、バレエの基本と
なる。

図 1-5 《トウシューズ　撮影：Lambtron》

第 12 項 ポピュラー音楽　popular music

ポピュラー音楽は、クラシック音楽に属さないで娯楽性や大衆性をもった音楽の総称で
ある。ポップミュージック、ポップスともいうが、ポップスは和製英語である。

ポピュラー音楽は「近代的な商業音楽」という要素が明確であり、「音楽の商品化」である。このシステムは自然発生的で、各種のジャンルを取り込みながら発展していった。

米国では19世紀半ば、すでに幅広い活動を行っていた楽譜出版業界は、1880～90年代にニューヨークで音楽を商品化するシステムを確立した。業者が作詞家に具体的に詞の内容にまで注文をつけて作詞させ、作曲家にも細かい指示のもとに作曲させて、曲が話題になるように宣伝マンに店先などで歌わせて、楽譜の販売業績を上げていた。

この商品化のシステムでは、最初から流行しそうな曲を作詞家と作曲家に書かせるためのプロデュースと、それを多くの人に覚えてもらい流行させるためのプロモーションという二つの作業が重要なポイントとなっていた。

現在は、楽譜でなくレコードなど録音されたものを商品としているが、最近では音楽をいつでも聴き放題で楽しめるサブスクリプションという「音楽配信サービス」が流行している。

ポピュラー音楽は、ジャズ、ロック、歌謡曲などを初めとして多くのジャンルがあり、次々に新しいものが生まれている。

そのため、日本で制作されたものを「J-POP（Japanese Pop）」、大韓民国で制作されたものをK-POP（Korean Pop）などと称している。

このようにして発展してきたポピュラー音楽界に、舞台技術に関して定まった形はない。新技術を率先して取り込み、自由闊達な活動をしている。したがって、公立劇場などの多くは施設貸与による公演で、スタッフ等も乗り込みで特殊機器は持ち込みとなるのが定番で、施設側の業務は主に電源供給、安全作業の監視と確認になっている。❖

第2章

劇場の使われ方

　日本は、世界のさまざまな芸能を楽しめる国になっている。多目的ホールという便利な施設が発達したからで、完璧ではないが特定の芸能に限らず、各地でいろいろな芸能の上演が可能になっている。

　舞台機構としての回転舞台や迫り（せり）は、歌舞伎作家の並木正三が考案したもので、その後に大道具師の長谷川勘兵衛と共に、さまざまな仕掛けが考案されて今日まで伝承されている。また、それらの技法は海外でも活用されている。

　昨今、オペラ公演を目的として4面舞台の劇場がいくつか存在する。演出家の判断ではあるが、回転舞台を活用した演出をもっと期待したいし、ストレートプレイ（歌唱を含まない演劇）でも回転舞台を使って欲しい。ただ、全国巡業（ツアー）する芸能は、上演する舞台機構に合わせて演出を変更しなければならないので困難である。

　演出とは、上演する劇場をどのように使うか、そこでどのように演じさせるか、または劇場の機構をどのように使うかということであって、そこには舞台装置家の創造力が必要である。

第1項　共通基礎知識

1. 光・音・電波の距離減衰

　一般的に、光源から発せられた光は球面状に広がる。球の表面積は半径の2乗に比例するので、光の強さは光源からの距離の2乗に反比例する。つまり、距離が2倍になれば光の強さは1/4に減衰する。

　また、音の強さも電波の強さも同様である。

　電波の場合は、周波数が2倍になると信号は1/4に減衰する。

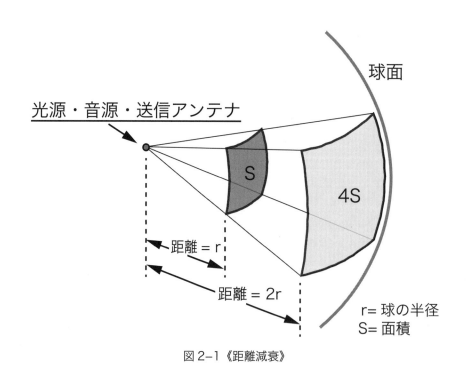

図2-1《距離減衰》

2. 芸能ジャンルの違いによる残響時間

　残響時間は、音源から発した音が途絶えてから、その響きが残っている時間のことである。

残響時間は「音のエネルギーが減衰して 100 万分の 1 になるまでの時間、つまり 60dB 減衰するまでの時間」と定義されていて、響き具合を数値で表すものとして広く使用されている。通常は 500Hz の残響時間を表示する。

セリフを主とした演劇は、言葉の明瞭さを重要視するので残響時間を短く、音楽は楽器を響かせるために長い残響が必要である。ただし、日本の楽器は、言葉に追従する形で生まれ育ったので、短めの残響が適している。

残響時間は芸能によって、適する値が異なる。それぞれの芸能に適した残響時間を最適残響時間という。

次の表は、日本の伝統的な芸能に適した残響時間の目安を示したものである。

劇場種別	平均的な客席数	適する残響時間の目安
能楽堂	500席	1.0秒
歌舞伎劇場	1,500席	1.2秒
演芸場/寄席	300席	1.0秒

次の表は、ヨーロッパの伝統的な芸能に適した残響時間の目安である。日本の芸能に比べて、長めになっている。

劇場種別	平均的な客席数	適する残響時間の目安
オペラ劇場（バレエ）	2,000席	1.6秒
コンサートホール	1,500席	2.0秒

第 2 項　劇場の分類

劇場やホールは、芸能を上演する場所で、観客席から見やすく、舞台からの音が聞きやすくした場所である。

観客を集め芸能を演じて見せる施設であるが、公共ホールでは祭事で使用することもある。

劇場の分類には次のようなものがある。

   【A】舞台の形式による分類

   【B】上演する芸能による分類

   【C】経営形態による分類

   【D】事業形態による分類

   【E】規模による分類

【A】　舞台の形式による分類

舞台の形は大きく分けて、観客席から見て額縁のように縁どられている「プロセニアム形式」と、額縁のない「オープン形式」がある。

オープン形式は、舞台と観客席を遮るものがなく同一空間となる。オープン形式は、演奏者と観客が聴く音が同等になるので、コンサートホール（音楽堂）にふさわしい。

図 2-2 の形は「エンド・ステージ」である。古代ギリシャのディオニソス劇場、日本の能や歌舞伎の舞台は野外のオープン形式で、徐々に壁や天井が備えられた。

舞台の左右にも客席があるのを「スリーサイド・ステージ」、舞台の中央部が客席に張り出た形で、張り出し部分の両側に客席を設けたものは「スラスト・ステージ」、舞台全体を取り囲むように客席があるものを「アリーナ・ステージ」という。

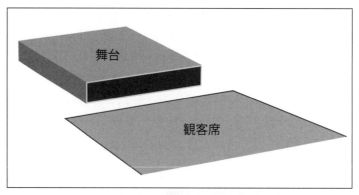

図2-2《オープン形式　エンド・ステージ》

図2-3《左からスリーサイド・ステージ、スラスト・ステージ、アリーナ・ステージ》

図2-4はプロセニアム形式で、額縁の中をのぞく形である。幕を下ろして、舞台転換ができるので、多くの舞台装置を使用する演劇には適している。

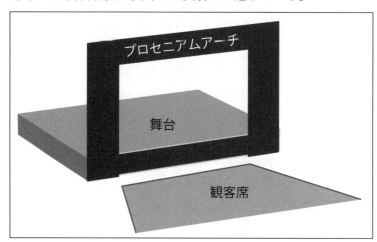

図2-4《プロセニアム形式》

【B】　上演する芸能による分類

　劇場は、時代の流れにともない新しい上演形態が生まれ、舞台の機構や設備の使われ方も変化した。

　また、上演する芸能によって、求められる舞台の形や舞台機構などの条件が異なる。そして、劇場は形だけでなく、上演する芸能に「適した音の響き」がある。

　専門劇場は、様式の整った（固定された）伝統的な舞台芸能に限って成立するものであるが、専門劇場であっても次々に新しい技術が取り入れられ少しずつ改良され変化している。

専門劇場と呼ばれるのは、能楽堂、歌舞伎劇場、オペラ劇場、コンサートホールなどである。進化し続けているミュージカルなどは、公演ごとに劇場構造を変えてしまうこともある。

B.1. 能楽堂

能と狂言を上演する能楽専門の劇場である。

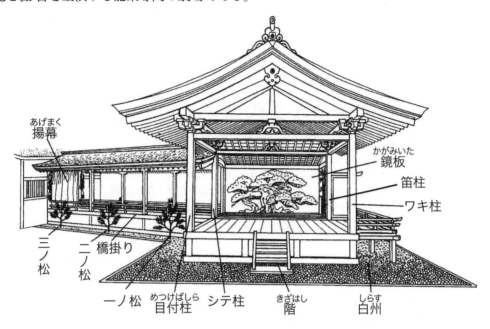

図 2-5《能舞台　国立能楽堂》

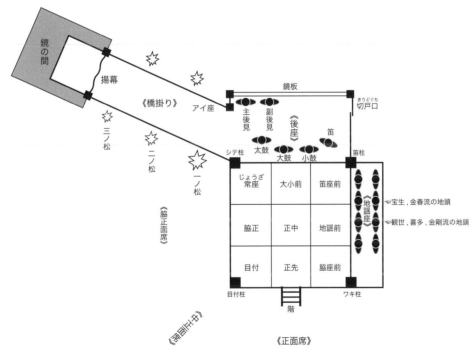

図 2-6《演者の配置と舞台面の名称》

能の舞台はもともと野外に建てられていた。現在のように、舞台と観客席が1つの建物の中に収まったのは明治以後である。屋内にありながら舞台に屋根があるのは、そのためである。

能舞台の演技エリア（4本の柱の内側）は、京間で3間（約5.9m）×3間の広さで、正面だけでなく脇正面（舞台の左側）からも鑑賞できる。

橋掛りは役者の登場・退場のほか、舞台の一部としても用いられる。橋掛りの出入口には揚幕が掛けられている。

面（仮面）を付けている役者は、小さな穴から覗いているので足下が見えない。そのために目付柱と橋掛りの松は、自分の位置を確認するために重要なものである。

舞台の後ろにある鏡板に老松（年を経た松）の絵が描かれているが、これは背景ではなくシンボルである。

白州は白い石を敷き詰めた場所である。

能楽堂の観客席は見所と呼ばれ、微妙な動きや繊細な音を鑑賞するために、300〜600席となっている。また、舞台に上がるときは、足の汗や足袋の色が床に染みないように、白足袋を着用しなければならない。

> *京間とは、主として西日本で広く用いられた建築における寸法基準で、1間＝6尺5寸（約1.97メートル）となっている。能舞台の寸法は、京間を用いているものが多く、本舞台は3間×3間の広さで、柱の間隔は19尺5寸で約5.9メートルになる。

B.2. 文楽劇場

文楽特有の舞台構造は図2-7のように「手摺」「舟底」「床」である。

手摺は、人形遣いの腰から下を隠すとともに、人形の足の高さが舞台床よりも高くなって宙ぶらりんになることから、人形の足の位置を地面または舞台床に接しているように見せるための横長の板である。シゲサン手摺は黒塗りの装飾用である。

主に演じる位置の舞台床は、40cmほど低くなっている。これが舟の底のように見えるので「舟底」と呼んでいる。

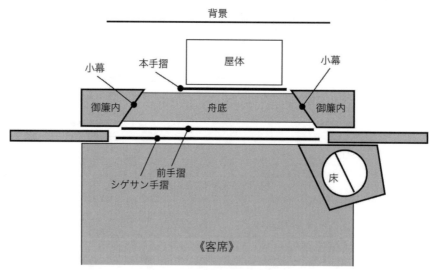

図2-7《文楽舞台の略図》

浄瑠璃の演奏場所となる「床」は、客席の上手に張り出して設置されている。床の背後は表面が金で、裏面が銀の衝立になっており、床自体は回転式である。回転する床に太夫と三味線方を裏側に乗せておいて、開幕と同時に回転させて登場させる。客席に張り出した場所で演奏することは音響的にも有効である。観客と同一空間で演奏することで音を遮断するものがなく理想的な音環境である。

図 2-8《文楽の舞台》

拍子木（柝）やツケも用いられるが、歌舞伎ほどは多用せずに簡素である。

また、幕は歌舞伎と同じ定式幕を用いているが、歌舞伎とは逆に上手から開ける。

御簾内（みすうち）は、上手が若手義太夫の演奏場所で、下手が鳴物の演奏場所である。

御簾内の下にある小幕（こまく）は人形の出入り口の黒幕で、歌舞伎の揚幕（あげまく）と同様である。

劇場は歌舞伎劇場と同様であるが、人間より小さい人形の演技を見せるので、間口は狭くなっている。

文楽を上演する舞台機構を有しているのは、大阪の国立文楽劇場と東京の国立劇場小劇場である。

B.3. 歌舞伎劇場

プロセニアムアーチは幅が 18 m～20 m、高さが 7 m～8 m 程度の横長である。これは、役者との美的バランス上、舞台装置（背景）の高さが 12 尺（約 364cm）のときが最もよいということで、この高さが舞台装置の標準になっているからである。現在は、俳優の背丈が伸びたことと劇場が大きくなったことから 15 尺（約 455cm）になっている。この舞台装置が、3 階席からもよく見えるようにプロセニアムの寸法が決められている。ただし、歌舞伎は 1 階席（平土間（ひらどま））から見上げたときが最も美しい形になっている。歌舞伎劇場の観客席数は、1,500～2,000 席が一般的である。舞台の進行は柝の合図で行われ、舞台には「盆（ぼん）」と呼ばれる「回転舞台（廻り舞台／ revolving stage）」や「迫り（せ）」（elevating stage）があり、舞台装置の転換や俳優の登場と退場に使用される。

舞台の左端から観客席後方に「花道（はなみち）」という通路がある。能舞台の橋掛りと同様に、ここを通って俳優が登・退場することがある。舞台から三分の割合の位置を七三（しちさん）と呼び、ここに「スッポン」という小さな迫りがある。この穴から忍者や亡霊が登場したり、消えたりする。

花道の出入りの場所には、鳥屋（とや）と呼ばれる小部屋があり、大道具方が揚幕（あげまく）を開けて役者が登場または退場する。揚幕の位置は鳥屋口（とやぐち）という。揚幕はチャリンと音を立てて開け閉めして、登場と退場を観客に知らせる。

舞台の上手には、登場人物の心情などを語る義太夫のための床^{ゆか}がある。床の下は役者が
登退場するところで、揚幕が掛かっている。

下手には、情景音楽を演奏する長唄（三味線と歌）と、大太鼓・太鼓・鼓・笛などの楽
器を用いて効果音や、効果音楽を演奏する「下座^{げざ}」または「黒御簾^{くろみす}」と呼ぶ演奏場所が
ある。舞台と観客席を遮るための幕は、茶・黒・緑の３色の縦縞の定式幕^{じょうしきまく}とよばれるも
のである。

舞踊劇などを演ずる際には、足拍子^{あしびょうし}の響きをよくしたり滑りをよくしたりするために、
舞台と花道に所作台^{しょさだい}（４寸高の檜の台）を敷き詰める。

これを所作舞台または置き舞台^おという。所作は仕草^{しぐさ}（動作や表情）の意で、所作事^{しょさごと}とは
歌舞伎舞踊のことである。松羽目物の上演も所作舞台を用いる。

日本舞踊（日舞^{にちぶ}）は、歌舞伎舞踊を上演することが多いので、歌舞伎劇場形式の施設で
上演することが多い。

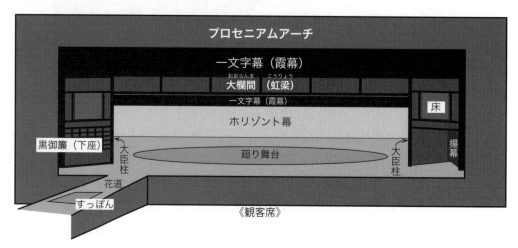

図 2-9 《歌舞伎舞台を観客席から見た図》

歌舞伎劇場の技術スタッフは、黒足袋に舞台用草履^{ぞうり}を履いて作業をする。これは両手に
物を持ったまま、履物を脱ぎ履きして上がり下がりする必要がある日本家屋の舞台装置
が多いためである。舞台用草履は、裏がタイヤのゴムになっていて舞台床で滑りにく
い。

しかし、この草履は入手が困難になったので雪駄^{せった}を使用する人が多くなっている。

なお、松竹系や国立劇場系列の伝統芸能を上演する劇場などでは、舞台と楽屋は土足厳
禁となっている。ここでは上履き用サンダルとスリッパなども使用可能である。

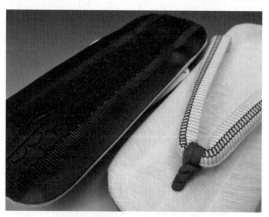

図 2-10 《舞台用草履の見本》

B.4. 演劇劇場

セリフを主とした演劇は、歌を主としたミュージカルやオペラに対して、ストレートプレイと呼ばれる。この種のものは自由自在に演出されるので、演出によって求められる舞台の構造や機構は異なる。したがって、劇団は自前の劇場を持つのが理想である。劇場の形式は、プロセニアム形式もオープン形式も用いられ固定した様式は存在しない。演劇劇場に共通しているのは、観客席が小さく舞台の間口が狭いことに対して、舞台周辺のスペース（舞台袖）を十分に確保して、舞台装置（大道具など）を収容できるようにするのが望ましい。

演劇は、アクションの大きいオペラやバレエと異なり、繊細な表現を間近で見ることに醍醐味があるので 300〜1,000 席が適している。商業演劇などは「回転舞台」や「迫り」「切り穴」などを使用することもある。

日本の伝統芸能も同じであるが、演劇劇場は日本語のセリフを明瞭に聞かせるために、観客席の大きさにもよるが残響時間は 1 秒〜1.3 秒程度が適している。

B.5. オペラ劇場（バレエ）

オペラの劇場は、観客席数が 2,000 席前後で、プロセニアムの高さは観客席の構造、または舞台装置の関係から高くなっている。オペラ座、オペラハウスとも呼ばれている。

オペラは歌劇とも呼ばれ、歌唱を中心にして展開する演劇で、歌の伴奏はオーケストラである。

オーケストラの演奏場所をオーケストラピットといい、舞台と観客席の間に設けられている。オーケストラピットは、視覚的に邪魔にならないように、または歌声がかき消されないように、床を深く掘り下げてある。また、プロンプタボックス（prompter's box）も設けられる。

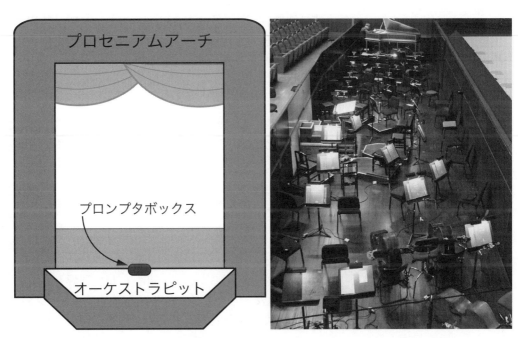

図 2-11《オペラ劇場の略図（左）とオーケストラピット内の様子（右）》

舞台装置の転換を短時間で行うためには、「迫り」や「回転舞台、または床を移動させる「スライドステージ（slave truck）」などを用いる。

21

これらの設備がない場合は、家屋などの大きな舞台装置を「引き枠（stage wagon ＝車の付いた台）」の上にのせて、人力で移動させる「ワゴン方式」にする。

現在、日本には4面舞台の劇場が数ヶ所ある。4面舞台は、図2-12のように左右、後方にも舞台があって、さまざまな演出に活用できる。奥舞台は回転舞台が装備されていて、主舞台を沈下させて、そこに移動させて使用する。側舞台は主舞台を沈下させて、側舞台に載せた舞台装置をスライドさせて場面転換を行う。

古い演目では、奥舞台に設けた回転舞台を使用することがほとんどなかったが、使用するのは演出家次第である。

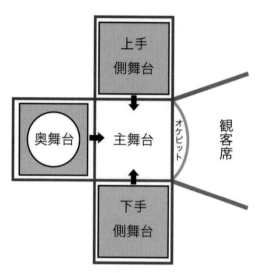

図2-12《4面舞台の略図》

オペラの場合の舞台床は地舞台（そのままの床）か、あるいは舞台装置の一部分として作り物の床または地絣などを敷いている。ただ、オペラの様式の中にバレエが組み込まれると、踊るためのスペースと踊り易い床が必要になる。

オペラ劇場は、バレエの公演にも使用される。一般的に、バレエの場合は舞台床にリノリュームを敷き詰めるが、本格的なバレエ公演ではリノリュームの下にバレエマット（バレエ床）を敷いている。バレエマットは、二枚の板を重ねて、その間にゴムの塊を挟んで固定したもので、わずかにクッション性があり踊り易く、また身体を傷めないためのマットである。

このようなリノリュームの下にバレエマットを常設したバレエリハーサル室を持ったオペラ劇場もある。

B.6. 音楽堂（コンサートホール）

管弦楽や室内楽など西洋のクラシック音楽専用のホールである。

演奏音に潤いを持たせ豊かな音量を得るために、非常に長い残響を必要とする。通常、1.8秒〜2.2秒の残響時間を目安として設計されるが、パイプオルガンの演奏には、さらに長い残響が必要になるので、電気音響システムで残響を付加させることもある。

聴衆席の形により、「シューボックス型」や「ヴィンヤード型」などの種類がある。

1）シューボックス型

靴を入れる箱（shoebox）の形、すなわち直方体の形である。代表的なのはウィーン楽友協会大ホールで、他にオランダのコンセルトヘボウ、東京オペラシティ・コンサートホールなどが有名である。

図2-13《シューボックス型　びわ湖小ホール　写真提供：松村電機製作所》

2）ヴィンヤード型

　周囲に客席のあるアリーナ型であるが、客席がブドウ園（vineyard）のように、いくつかのブロックに分割されている形をいう。

　ドイツではベルリン・フィルハーモニー、ライプツィヒ・ゲヴァントハウスなど、アメリカではウォルト・ディズニー・コンサートホール、日本では東京のサントリーホールが有名である。

　写真のベルリン・フィルハーモニーは、この名称発祥のホールである。

図2-14《ヴィンヤード型　ベルリン・フィルハーモニー　写真提供：株式会社永田音響設計》

23

クラシック音楽のコンサートには、ホール専属のステージマネージャを持つホールもある。略して「ステマネ」と呼ばれ、コンサートに関わる準備や進行を取り仕切る。

日本では、オーケストラ専属（オケ付き）と音楽ホール専属（ホール付き）に大別できる。

演奏者の椅子を並べたり、譜面台を設置したり、本番では演奏者や指揮者に登場の合図を出したりする。

リハーサル前に演奏曲と出演する楽員数を確認して、椅子と譜面台を決められた場所に並べることが最初の仕事である。

多くは、リハーサルの会場と本番の会場が異なるため、大型楽器や特殊楽器をホールまで運ぶ作業がある。その場合、車両に巧く積み込む手順を把握していて、その手順に沿って積み込む。

演奏会場では、会場の構造や響き具合を考慮して、演奏者の位置を決定する。

演奏者の譜面台と椅子は、リハーサルで演奏しやすい形にしているので、リハーサル後の譜面台を部外者が勝手に移動させることは禁物である。

もしマイクの設置などで、椅子や譜面台に触れてしまったときはステージマネージャに報告すべきである。

本番では、コンサートの進行の総責任者として、指揮者と演奏者に登場の合図を出したり、カーテンコールや花束贈呈者の出場の合図を出したりする。

本番終了後は、楽器の搬出を完了させて仕事を終了する。

クラシック音楽専用ホールにホール付きのステージマネージャがいる場合は、オケ付きと共同または手分けして作業をすることがある。

B.7. 多目的ホール

さまざまなジャンルの演目を上演できると謳（うた）ったホールで、日本の公共ホールの多くはこの種のものである。そのために、大きいホールにはクラシック音楽のために音響反射板（反響板）が設置されていることが多い。

最近は「多機能ホール」とも呼ばれている。

音響反射板は、多目的ホールでクラシック音楽の演奏会を行うときに、舞台上の演奏音を効果的に客席に伝えるための設備である。

要は、プロセニアムアーチによる音の伝搬の妨げを防いだり、舞台袖に演奏音が拡散したり幕類で吸音されないようにして、オープン様式のように演奏空間と観客席空間の音環境を同一にするための工夫で、残響時間を増加する目的もある。

音響反射板には、吊り下げ式と走行式の格納方法がある。

１）吊り下げ式音響反射板

使用しないときは、天井反射板・左右の側面反射板・正面反射板を分割して舞台上部の空間に吊り上げて格納し、使用時に降下させて組み立てる方式である。

編成の大きさに応じて、演奏スペースを調整できるものもある。

２）走行式音響反射板

図2-15のように天井反射板・左右の側面反射板・正面反射板を組み立てたものを❶❷❸に分割して舞台後方に格納し、使用時に❶→❷→❸の順にレールで走行移動させて定位置まで引き出して使用する。この方式は吊りバトンの邪魔にならないのが利点であるが、舞台の奥に格納するスペースが必要になる。

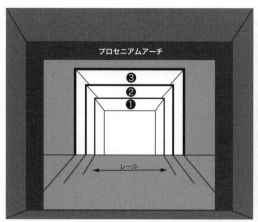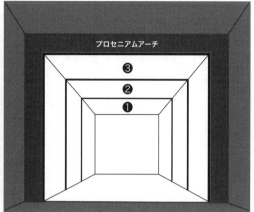

図 2-15《走行式音響反射板　格納状態（左）と設置状態（右）》

【C】　経営形態による分類

営利を目的にしているか、非営利なのかの違いである。

C.1. 商業劇場

収益を得ることを目的にした劇場で、入場料金で経営しなければならないので、集客を優先して公演を企画している。

ここで上演される演劇を商業演劇と呼んでいるが、演劇の他に、ミュージカルやショーなども上演される。また、歌舞伎も商業演劇である。

営利が目的であるから、集客できる著名な俳優または人気のある歌手やアイドルを主役にしてプロデュースされる。そのため、主役を支えることができる力量のある脇役が重要になる。

商業演劇を主催するのは松竹や東宝などの大手興行会社であるが、これらを上演する劇場は、東京の歌舞伎座、帝国劇場、新橋演舞場、シアタークリエ、東京宝塚劇場、明治座、名古屋の御園座、京都の南座、大阪の松竹座、新歌舞伎座、宝塚市の宝塚劇場、福岡県の博多座などである。

また、劇団四季が経営する各地のミュージカル劇場は商業劇場の部類に入る。また、ブロードウェイにあるミュージカル劇場は商業劇場である。

C.2. 非商業劇場

商業劇場に対して、実験的な演劇を上演する劇場、または自治体などの補助金によって運営する営利を考慮しない公立劇場、または儲けを度外視して街の活性化を図るための劇場を非商業劇場という。

ただし、公共劇場が国などからの補助金を得て、外部の制作会社に演劇などを制作させ、本公演後に制作会社によって各地を巡業する形態は商業劇場の部類に入る。

米国ニューヨーク州のブロードウェイには、オフ・オフ・ブロードウェイと呼ばれる実験劇を上演する非商業的な小劇場群がある。

【D】　事業形態による分類

劇場スタッフが上演にどこまで携わるかの違いである。

D.1. 自主公演

上演するための企画・制作をすべて自前で行うことである。

主に、劇場のスタッフまたは委託のスタッフによる上演となる。

D.2. 自主企画

劇場が上演するための計画をして、制作を外部に委託して行う公演のことである。

劇場スタッフと外来スタッフの混成による上演となることが多い。

D.3. 提携公演

外部の制作会社と提携して行う公演である。巡業（各地で公演）をするために、ほとんどが外来スタッフによる上演となる

D.4. 施設貸与

劇場の自主事業で使用しない日を、外部の興行会社や劇団、市民に賃貸することである。劇場の規模や規定により異なるが、市民利用の場合は劇場の技術スタッフによる上演、巡業公演などは乗り込みの外来スタッフだけによる上演になることが多い。

【E】 規模による分類

大劇場（大ホール）、小劇場（小ホール）の定義は難しく、幾通りもある。

全国公立文化施設協会は、1,000 席未満（999 席まで）を小劇場、1,000 席以上を大劇場と定義している。

2つの劇場を持つ施設では、単に客席の多いほうを大劇場、少ないほうを小劇場と呼び、3つの劇場を持っている場合は、大きい順に大劇場、中劇場、小劇場と呼んでいることが多いが、最近では劇場ごとに呼び名（愛称）を付けているところもある。

第3項 出演者や施設利用者が望む環境を構築

舞台スタッフは、出演者や施設利用者から敬愛される環境を作ることが大切である。

一般社団法人日本音響家協会では、優良ホールの認定を行っている。

これは、業務委託スタッフなどの酷い対応が見られるホールの改善策として、それを非難するのではなく、逆に出演者や施設利用者が快適に利用ができる施設を称賛することにより優良ホールを増やすことを目指す制度で、その評価内容は次のとおりである。

設備の充実ではなく、スタッフの接遇の評価である。

① 舞台設備が十分に維持管理されていて、うまく機能している。保守・修理・清掃などが十分に行われ、機材リストにある機器を常時使用できる状態にしている。

② 舞台設備の運用スタッフが十分な技術力を持っている。

③ 施設運営スタッフが高いモラルを持ち人格的に優れていて、ホールで上演される芸能に精通し、優良な上演ができるように外来スタッフに対して協力的である。

④ スタッフ間の十分な意思の疎通があり、円滑かつ安全に業務を行っている。

⑤ 利用受付から上演・撤収まで、利用者に対する施設運営スタッフの応対が良好である。

【A】 舞台技術者の接遇技能

接遇とは、客に対する接客技能のことである。

客に対して適切な態度や言葉で接するべきで、それが不適切であると口論になったり、苦情の基になったりする。

一般の接客業務は、相手の立場や地位には一定の敬意を払って当たるべきで、舞台スタッフも心掛けたいことである。

特に舞台技術者は、専門的知識を持たない人たちに専門用語で説明するとか、劇場のルールを上から目線で高圧的な態度で押し付けてはならない。

言葉や態度で、論争になったりクレームを受けたりすることは、無駄な時間を過ごすことになるので慎みたい。

相手の年齢に関係なく同様の扱いをするべきで、子供も大人と同じ対応をするべきで、例として「…だよ」「…じゃないの」などという話し方（タメ口）はご法度である。

注意するときも「決まりですから」などと言えば、「君たちが勝手に決めたことだろう」と反論されたりするので、「ここは禁煙ですよ」ではなく「おそれいりますが、喫煙はご遠慮願います」と言えば納得されやすい。

また、特にピンマイクを装着する担当者は仕事の前に手を洗い、前日と当日は匂いの強いものを食べないようにするなどの気遣いをすべきである。

【B】　利用者対応の基本

利用者とは施設を借りて公演する人たちのことで、次もこの会場を利用したいと思っていただくことが、劇場スタッフの対応による成果なのである。そのためには、次のことを心得ておきたい。

① 利用者を不愉快にさせない。（言葉遣いに注意）

② 利用者の心を傷つけない。

③ 自分も嫌なことは、相手も嫌である。

④ 利用者には劇場スタッフが職員・委託・アルバイトであるかは関係ない。（等しく対応する）

⑤ 劇場は非日常の世界なので、スタッフは「日常を忘れさせる場所」を意識する。

さらに、次のことを心得て仕事に励むとよい。

① 私たちの客は、観客・施設利用者・出演者・外来スタッフ

② 初めての客こそ大切に

③ 常に客を意識（私たちは見られている）

④ 失敗を無駄にしない（言い訳で終わらない）

⑤ 自分は相手より偉いと思って応対しない

⑥ 専門家の目線が、上から目線になるので要注意

⑦ 専門用語を使わない（客は騙されていると思う）

⑧ 劇場から離れたら、一般常識的な挨拶・態度・衣服で応対

⑨ 出演者には、最高の演技（演奏）ができる環境を提供（特に楽屋の環境）

⑩ 観客には、「非日常の世界」を満喫させる（裏を見せるな）

⑪ 「知識」だけでは役立たないので「知恵」を使え

⑫ 批判眼でスキルアップ（客からのクレームに感謝の念を）

⑬ 客に注意するときの技も学ぶ

⑭ 相手の言動の真意を読む

⑮ 相手を感動させる

⑯ 誰でも窓口担当になれる力

⑰ 自分も仕事を楽しむ（充実感・達成感）

⑱ 機械的な対応をしない

⑲ 責任感を持つ（任された仕事を当事者意識と責任感を持って行う）

⑳ 出入り業者も大切に

㉑ 客のイライラ解消を

㉒ わがままな利用者を納得させる説得術を身に付ける（クレーマー対応）❖

第 3 章

舞台の運用

観客を集めて芸能を上演して見せる場所を劇場と呼んでいる。

一般的に、建物そのものを劇場ということが多いが、本来は芸能を作る組織（人材）と舞台関連設備機器を併せて劇場とよぶべきである。

芝居という言葉は、芝生の見物席のことである。昔は、寺や神社の境内の芝生を見物席にすることが多かったので、見物席または見物人を芝居と呼んでいた。

イタリア語のテアトロは歌劇場のことであるが、「見物する場所」という意味のギリシャ語「theatron（テアトロン）」が起源である。

劇場を支えているのは観客、つまり市民ということになる。そして劇場の運営を支えているのは、舞台技術者をはじめとする多くのスタッフである。企画、制作、演出、切符販売係、宣伝担当、プログラム編集担当、観客案内係、清掃係、どれ一つ欠けても劇場として成立しない。

劇場は民営であろうが公営であろうが、大衆に夢と希望を売るのが商売である。

劇場は、芸能を製造する工場である。そのために、舞台を演出するさまざまな設備とそれを操作する熟練者が必要なのである。熟練者とは、経験豊富な劇場技術者のことである。

舞台を裏から支えている技術部門は、舞台進行、美術進行、舞台機構操作、大道具、小道具、床山、化粧、衣裳、かつら、照明、そして音響などである。劇場を本物の劇場として運営するためには、技術の伝承、最新技術の開発および導入、そして劇場技術者の養成が必要である。

第1項 劇場の基本的な構造と名称

図 3-1 のように、客席から見て右側を上手（かみて）（stage left）、左側を下手（しもて）（stage right）という。舞台脇のスペースは舞台袖（ぶたいそで）（wing）といい、上手を上手袖、下手を下手袖と呼び、緞帳前の最前部を舞台端（ぶたいばな）（lip）と呼んでいる。このように海外では舞台から客席に向かって左・右といい、音響のステレオ送出の左と右は stereo left・stereo right という。舞台奥は up stage、舞台前は down stage という。

ミュージカルやオペラを上演する劇場では、舞台と客席の間に、オーケストラの演奏場所としてオーケストラピット（オーケストラボックス）がある。略してオケピット、オケピ、オケボックスともいう。

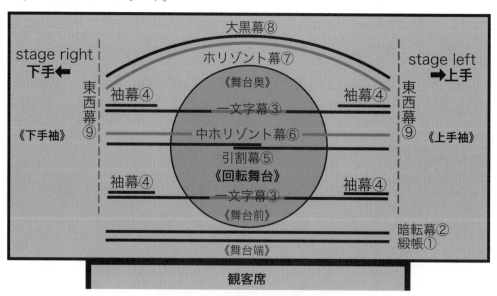

図 3-1《舞台を上から見た図》

舞台には、さまざまな幕が設置されている。図 3-1 にある幕を番号順に、その機能について説明する。

① 　緞帳（どんちょう）　front curtain, main curtain, fly curtain

舞台と客席とを仕切るために開閉する幕のことである。日本特有の地の厚い絵入りや模様入りの高級な幕もあるが、舞台と客席とを仕切る幕を総称して緞帳と呼んでよいと思う。いずれにせよ、上演する演目のイメージを壊さないものでなければならない。

緞帳として次のようなものがある。

・**割緞（わりどん）　tab curtain**：中央から 2 枚に割れていて、左右に開閉する幕。

・**オペラカーテン　swag curtain**：❷〜❸のように中央から左右斜上に開閉する。❹のように左右開閉や❶のまま上下に開閉可能なものもある。

図 3-2《オペラカーテン　写真提供：三精テクノロジーズ》

・**絞り緞帳（しぼりどんちょう）　festoon**：❸〜❹のように絞るような形で上下させる幕。❷のように上下に開閉できるものもある。

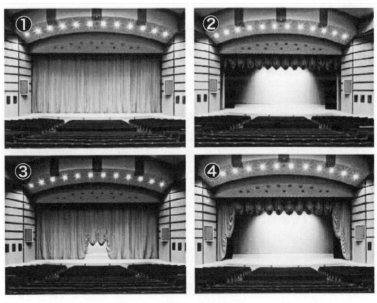

図 3-3《絞り緞帳　写真提供：三精テクノロジーズ》

・引幕（ひきまく）：舞台間口部にワイヤーを張り、それに環を通して幕を下げたもので、左右に開け閉めする。代表的なのは歌舞伎の定式幕（じょうしきまく）で茶（柿色）・黒・緑（萌黄（もえぎ））の縦縞模様の幕で、色の順は「茶汲み（ちゃくみ）」と覚えればよい。色の並びは劇場によって逆の場合がある。

② 暗転幕（あんてんまく）　blackout drop, sound curtain

　　舞台と客席を暗くして舞台転換を行うときに使用する黒い幕で、緞帳の裏側にある。この幕を下ろして舞台を作業灯にして舞台転換を行い、作業が完了したら舞台を暗くして暗転幕を上げて次の場面の照明にする。作業音が客席に漏れないようにする効果もある。

③ 一文字幕（いちもんじまく）　border, top masking

　　バトンに吊ってある照明器具などが観客席から見えないようにする黒い幕のこと（見切り（みきり）＝ masking）。かすみ幕ともいう。客席側から奥に向かって第1モンジ、第2モンジまたは1カス、2カスともいう。

④ 袖幕（そでまく）side masking

　　袖に仕込んである照明器具や準備中の大道具などが観客席から見えないようにするための黒い幕。客席側から奥に向かって1ソデ、2ソデと呼んでいる。

⑤ 引割幕（ひきわりまく）traveller curtain

　　中央から割れて、左右に開く黒い幕で、途中まで開けて袖幕としても使用する。

⑥ 中ホリゾント幕（なかホリゾントまく）

　　回転舞台の中央に吊ってあって、回転舞台の前半分を使用するときに用いるホリゾント幕。回転舞台の後半分に次の場面を準備したりする。略して中ホリと呼んでいる。

⑦ ホリゾント幕　Rundhorizont（独）, cyclorama（英）

　　舞台背後のホリゾント幕。大きな劇場では図3-1 ⑦のように丸くなっている。舞台後方を囲むようにして袖幕の役目もする。Rund と cyclo は円形という意。中ホリに対して大ホリ（おおホリ）ともいう。

⑧ 大黒幕（おおぐろまく）　black curtain

　　舞台最後部の黒い幕。夜景や暗闇を表現するときに用いる。ホリゾント幕の後または前に設置してある。

⑨ 東西幕（とうざいまく）

　　通常の袖幕だけでは、観客席前部の左右の席から舞台袖が見えてしまう場合に設けられる幕。日本の劇場では、あまり設置されていない。

図3-4は観客席側から舞台を見た図である。舞台では、プロセニアムアーチの高さだけでなく、大道具の高さなども立端（たっぱ）（建端）という。間口（まぐち）は、プロセニアムアーチの幅のことである。

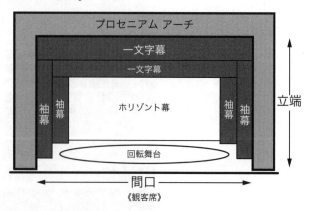

図3-4《舞台を観客席から見た図》

第 2 項　舞台を支えるスタッフ

芸能が生まれた初期は、演出家すら存在せず、演者が自ら演出をしていた。ところが、高度な技術を取り入れ、演出手法が発展するにつれて演出の専門家が必要になった。

さらに、舞台機構が進歩して表現方法が複雑になると演出家一人では対応できなくなり、技術的効果などは専門家に任せることになって、舞台装置家や照明家などが生まれた。

演劇の演出家は、作家のメッセージを観客に伝えるため、さまざまな手段を用いて表現する。

スタッフは、演出家のやりたいことを実現させるのが仕事である。そして、全スタッフが演出方針に沿って協力し、全部門の調和がとれた作品を作る。

現代のスタッフは下記のようになるが、演劇系・音楽系・イベント系など、ジャンルによって編成は異なり、その業務内容も異なる。特にプロデューサ、制作の違いは顕著である。

```
プロデューサ（製作）　制作者　作家　演出家

作曲家　編曲家　振付師　殺陣師（ファイティング・コーディネータ）

装置デザイナ　衣裳デザイナ　化粧デザイナ　照明デザイナ

音響デザイナ

舞台監督

舞台進行　舞台照明　舞台音響　サウンドシステムチューナ

大道具　小道具　衣裳　床山（ヘアーメイク）　化粧

特殊効果（火薬／レーザなど）

映像

ネット配信

楽屋管理

設備保守

宣伝係　入場券係　観客席係　営業係　経理係　営繕係　清掃係
```

図 3-5《一般的なスタッフの名称》

1. プロデューサ　producer

   芸能を上演するための計画をして、それを実現させるために全体を掌握して管理運営する総責任者で、すべての決定権を持っている。そのためにコミュニケーション力や交渉力、財務管理力、さらに時代の動向を見抜く感性も必要となる。「製作」として社名や劇団名がクレジットされることもある。

2. 制作者　production coordinator

   プロデューサと連携し、作品作りを推し進める業務を担当する。

3. 演出家　director

   演劇では、脚本に基づき俳優の演技・舞台装置・照明・音楽・音響などをまとめて一つの作品を作る。

   イベントや催事などでは、開催目的に応じて進行や内容に工夫を加えて、成果をあげる。

33

4. 振付師　choreographer

歌舞伎舞踊や日本舞踊、ダンスやバレエの動作の構成（ポーズ）や動作の流れを考案して演者に教える人で、振付家ともいう。

5. 殺陣師　fighting coordinator

斬り合いなど、乱闘の演出を考案して演者に教える人で、殺陣またはファイティング、アクション指導などとクレジットされる。

6. 舞台監督　stage manager

技術スタッフを統率し、上演する芸能を円滑に遂行させる。

7. 装置デザイナ　scenery designer

舞台装置家または舞台美術家と呼ばれ、プログラムには「美術」または「装置」とクレジットされる。演出家の下で、大道具などの舞台装置をどのようなものにするかを考えて設計する仕事である。

8. 衣裳デザイナ　costume designer,　costume director

登場する人物が着用する衣服、帽子などの冠り物、靴、装飾品、化粧によって、登場人物をどのように見せるかを考えるのが仕事である。プログラムには「衣裳」とクレジットされ、基本的には演出家と打ち合わせをして、役の人物イメージを決定する。

9. 化粧デザイナ　makeup designer

役柄にあった化粧を考察する担当者のことで、特殊な顔面のデザインも担当する。

10. 照明デザイナ　lighting designer, lighting director

舞台照明は、光を用いて演出効果を高める仕事である。それらの照明を計画し演出することを照明デザインという。

11. 音響デザイナ　sound designer, sound director

舞台音響は、音を用いて演出効果を高める仕事である。それらの音響を計画し演出することを音響デザインという。

12. サウンドシステムチューナ

設置された音響機器の最終調整をする技術者で、音響特性を測定して補正をする。

13. 大道具

演出上必要とする背景、建物（屋体）、樹木、岩石などのことで、場面を表現する道具の総称である。

大道具係は大道具方とも呼ばれ、「製作する係」と「舞台の進行に合わせて設置、撤去する係」がある。

14. 小道具

家具や屏風、俳優の携帯品または装飾品、駕籠、荷車、自転車などのことである。小道具の担当者は、演出意図に基づいて製作、調達をして、舞台進行に合わせて設置・撤去を行う。引っ越しのときに運ぶ物と思えばよい。小道具の製作・修理・設置をする係は小道具方という。

15. かつら

俳優が使用する鬘を製作する係である。俳優の頭のサイズを採寸して、役柄にあった鬘を製作する。

16. 床山(とこやま)

役柄に合わせて髪(かみ)を結ったり、鬘の髪を整えたりする係である。鬘の装着、整備、管理も行う。ヘアーメイクともいう。

17. 衣裳

役柄に合った衣服を製作または調達して、公演期間中は着付けをし、修繕をする係である。衣裳デザイナがいるときは、そのデザインに基づいて製作する。

18. 化粧　makeup artist

役柄にあった化粧をする係のことで、特殊な化粧を担当する。通常は、俳優が自分で行うことが多い。メーキャップ、メイクアップ、略してメイクとも呼ばれる。

19. 特殊効果　special effect

舞台美術や照明に含まれない特殊な視覚効果の技術のことで、煙や火炎、爆発音などの効果を扱う係である。略して「特効(とっこう)」と呼ばれる。

20. 映像　projection image

さまざまな画像を投写して演出効果を高めることを担当する部門である。

21. ネット配信　internet distribution,　on-line distribution

上演の模様をインターネットで送信する業務を担当する部門である。

芸能は新技術を導入して演出されるものが多く、特殊メイクや映像、ネット配信など、次々に新しい部門が生まれている。

主催者によってスタッフのクレジット表記は異なっている。主な劇場におけるスタッフのクレジット例（スタッフ氏名は省略）を以下に紹介する。

主な劇場におけるスタッフのクレジット例　2021 年 9 月調査

＊ミュージカル「王家の紋章」　帝国劇場公演

　　原作・脚本・作詞・演出・作曲・編曲・音楽監督・振付・美術・照明・衣裳・音響・ヘアメイク・歌唱指導・ファイティング・稽古ピアノ・演出助手・舞台監督・音楽コーディネータ・制作・アシスタントプロデューサ・プロデューサ・製作［東宝］

＊新派特別公演　新橋演舞場公演

　　原作・脚色・演出・美術・演出補・京言葉指導・照明・邦楽・効果・舞台監督・制作助手・制作・製作［松竹］

＊演劇「ジュリアス・シーザー」　パルコ劇場公演

　　作・訳・演出・美術・照明・音響・衣装・ヘアメーク・アクション指導・演出助手・舞台監督・宣伝・宣伝美術・宣伝写真・宣伝衣装・宣伝ヘアメーク・制作・ラインプロデューサ・プロデューサ・製作・企画／製作［株式会社パルコ］

＊プッチーニ作曲オペラ「つばめ」　びわ湖ホール公演

　　指揮・演出・管弦楽・装置・照明・衣裳・音響・舞台監督

＊国立劇場の歌舞伎公演

　　頭取・狂言作者・附打・制作担当・文芸担当・美術・照明・音響・舞台・舞台監督・制作［国立劇場］（製作とは記載していない）

第3項 舞台で仕事をするときの心得

舞台の仕事は、さまざまな分野が同時に仕込みを行うので、人身事故を起こすことが多い。

舞台における安全対策は、自分だけでなく、出演者や他のスタッフ、そして観客に至るまで、すべてに対するものでなければならない。

安全対策の基本は、コミュニケーションである。舞台で働く者すべてが、連絡を密にして、お互いを信頼し、責任を持って仕事をすれば、快適で安全な職場環境を維持できる。

【A】 安全作業の実施

① スタッフは互いに「挨拶」を交わし、人間関係をよくする。

② 数人で行う作業は、声を掛け合いながら実施する。

③ 急がず、欲張らず、無理をしない。

④ 自分が関係しない機器・設備には手を触れない。

⑤ 危険な作業は作業灯を点灯し、複数人で行ない、監視役を設ける。

⑥ 作業衣は、タイトで動きやすいものを着用する。

⑦ 靴は、滑りにくく、クギなどが突き抜けないもので、足音が立たないものにする。

⑧ 危険作業のための手袋は革製がよい。

⑨ 暗がりでは、ペンライトを使用する。ライターは引火のおそれがあるので使用しない。

⑩ 作業を中断して持ち場を離れるときは、監視役を配置する。

⑪ 撤去のとき、他の分野と作業が重なる場合は優先順位を決める。

⑫ 搬出口に近い場所の機器から先に撤去する。

⑬ 出演者やスタッフの通路に配線したケーブルは、つまずかないように養生する。

⑭ 舞台上は常に整理整頓して、出演者の通行の邪魔をしないようにする。

⑮ 観客席に設置した機器は、観客が手を触れないように養生する。

⑯ 本番で使用しない機器は、観客の手の届かない場所に収容する。

⑰ 過失があった場合は、責任者に報告して処理の指示を受ける。

⑱ 特に危険な装置は、停止方法を完全に把握してから操作する。

【B】 高所の作業

① 高所作業者は、ヘルメットを着用する。6.75mを超える場合はフルハーネス型墜落制止用器具の着用が義務づけられ、特別教育の受講も必要になっている。

② 迫りを使用して機材などの搬入や搬出をするときも、迫りの深さを高所と見做して、ヘルメットを着用する。

③ 監視員は、作業員以外の人物が近づかないように見張る。

④ 監視員は、作業を手伝ってはならない。

⑤ 体調不良の者に高所作業をさせない。

⑥ 脚立を使用する作業は、複数人でサポートし、周囲を監視しながら行う。

⑦ 作業者が携帯する工具は、落下事故を予防するために必要最小限にし、携帯する工具は紐が付いたものを使用する。

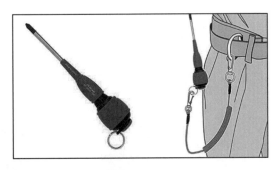

図 3-6《落下防止の紐を付けた工具例　モノタロウ通販カタログ引用》

図 3-7《フルハーネス型墜落制止用器具（左）と舞台用ヘルメット（右）　写真提供：谷沢製作所》

【C】　フルハーネス型墜落制止用器具着用の義務化

建設業などの高所作業において使用される旧来の胴ベルト型安全帯は、墜落時に内臓の損傷や胸部などの圧迫による危険性が指摘されており、国内でも胴ベルト型の使用に関わる災害が確認されている。そのようなことから、厚生労働省は安全帯の名称を「墜落制止用器具」に改め、国際規格であるフルハーネス型を採用することにした。それに伴い特別教育を新設し、墜落による労働災害防止のための措置を強化している。

その措置に基づいて、2022年1月2日から高所作業においてフルハーネス型の着用が義務化された。

フルハーネス型は、6.75m以上の高さで作業する場合、必ず着用しなければならない。

6.75mより低い位置では、胴ベルト型の墜落制止用器具（いわゆる安全帯）も使用可能である。

このような規則に関係なく、死傷事故を起こしてしまえば被害を被るのは自分であり所属会社である。そのことを考えれば、過剰な安全対策は無駄にならない。

C.1. 特別教育について

フルハーネス器具を使用する者は全員、事前に特別教育を受ける必要がある。

フルハーネス型を着用すべき作業を、特別教育を受けないで行うと法令違反になる。

特別教育の内容は次のとおりであるが、フルハーネス型器具の各部名称を図3-8に示す。

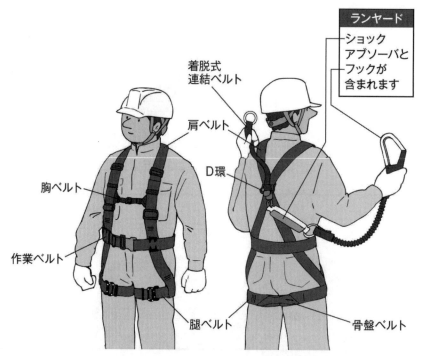

図 3−8《フルハーネス型器具の各部名称　谷沢製作所カタログ引用 》

作業に関する知識

  ① 作業に用いる設備の種類、構造および取扱い方法

  ② 作業に用いる設備の点検および整備の方法

  ③ 作業の方法

墜落制止用器具に関する知識

  ① 墜落制止用器具のフルハーネスおよびランヤードの種類および構造

  ② 墜落制止用器具のフルハーネスの装着の方法

  ③ 墜落制止用器具のランヤードの取付け設備などへの取付け方法および選定方法

  ④ 墜落制止用器具の点検および整備の方法

  ⑤ 墜落制止用器具の関連器具の使用方法

労働災害の防止に関する知識

  ① 墜落による労働災害の防止のための措置

  ② 落下物による危険防止のための措置

  ③ 感電防止のための措置

  ④ 保護帽の使用方法及び保守点検の方法

  ⑤ 事故発生時の措置

  ⑥ その他作業に伴う災害及びその防止方法

関係法令

  労働安全衛生法、労働安全衛生法施行令および労働安全衛生規則中の関係条項

墜落制止用器具の使用方法など（実技）

  ① 墜落制止用器具のフルハーネスの装着の方法

  ② 墜落制止用器具のランヤードの取付け設備などへの取付け方法

③ 墜落による労働災害防止のための措置

④ 墜落制止用器具の点検および整備の方法

全 6 時間の課程ではあるが、受講者が次の項目に該当すると履修科目を省略できる。

① フルハーネス型を用いて行う作業に 6 月以上従事した経験を有する者

② 胴ベルト型を用いて行う作業に 6 月以上従事した経験を有する者

③ ロープ高所作業特別教育受講者または足場の組立て等特別教育受講者

C.2. 器具使用の注意点

① ランヤードは、標準的な条件における落下距離を確認し、適切な長さのものを選定すること。

② フルハーネス型には、使用可能な最大質量（85kg または 100kg）が定められているので、器具を使用する者の体重と装備品の合計質量が使用可能な最大質量を超えないように器具を選定すること。

【D】 電源ケーブルの安全

① 舞台で使用する電源ケーブルは、ゴム製のキャブタイヤケーブルを使用する。

② キャブタイヤケーブルは、許容電流に余裕のあるケーブルを使用する。

③ コンセントは「抜け止め」の機能があるものを使用する。

④ 通電状態で結線作業をしない。

⑤ 長過ぎる電源ケーブルは、コイル状に束ねないで、ばらけた状態にして使用する。

⑥ ドラムに巻かれたケーブルは、余った部分をドラムから外して使用する。

⑦ コンセントから抜くときは、ケーブルを持って抜かず、プラグ部分を持って抜く。

【E】 吊りバトンの作業

① バトンへの吊り込みは、カウンタウエイトのバランス調節から始める。

② 昇降するときは、ステージ上に監視員を配置し、その指示で操作する。

③ 昇降操作中は、バトンの下を潜らせない。

④ 監視員は、昇降作業中に持ち場を離れない。

⑤ 操作は、即停止できる状態で行う。

⑥ 操作担当者以外に操作をさせない。

⑦ 操作盤、綱元の操作は、訓練を受けた者が行う。

【F】 舞台で仕事をするときのルール

私たちは、次のルールを守って仕事をしなければならない。これは、プロとして認めてもらうための第一歩で、周囲から信頼されるための作法である。

F.1. ケガをしない、させない

① 常に、体調をよい状態に維持する。

② 作業しやすい衣服を着用する。

③ 機器が転倒しないように処理する。

④ 不慮の出来事のときに急停止できないことがあるので、舞台上では、走らない。

F.2. 機器を壊さない、壊されない

① 搬出入口の近くには機器を置かない。

② 使用しない機器は、一個所にまとめて管理する。

③ 担当者以外は、機器に手を触れない。

④ 不用意に楽器に触れない。

⑤ キャスター付きの機器はキャスターをロックして設置または保管する。

⑥ 地震などで倒れる危険のある縦長の機器は、可能であれば横倒しして保管する。

F.3. 履物に注意する

① 足音の出ない履物にする。

② 足のケガをしないように、爪先（つまさき）を保護した安全靴を履くとよい。

③ 土足厳禁の舞台では、外履きにも使用している安全靴で上がることは控えたい。

④ ステンレス板入りの踏抜き防止用インソールを使用するのもよい。

図 3-9 《JIS 規格安全靴》

F.4. 服装に注意

① 舞台稽古以降、舞台で作業するスタッフは目立たないように黒い作業服を着用する。

② 観客の目に触れるスタッフは、観客に不快感を与えない服装にする。観客席での操作は、必要に応じてスーツなどを着用する。

③ 衣服を装置などに引っかけないように、シンプルでタイトなものを着用する。

F.5. 批評・批判をしない

スタッフは、演出やデザイン、演奏、演技の批評・批判をしてはならない。

F.6. 雑音、騒音を発しない

① 機器の操作音、作業音が観客席に漏れないよう対処する。

② 足音がしないように歩く。

③ 稽古と本番は、携帯電話の電源を切る。

④ 他部門が危険な仕込み作業をしているときは、サウンドチェックをやらない。

F.7. 舞台床にテープなどを貼るときの注意

① 貼る前に、貼ることが可能であるかを確認する。

② 剥がすときに跡が残らないよう注意する。

③ 剥がすときに床部材が剥がれないように注意する。（ゆっくり剥がす）

F.8. 乗り込みスタッフへの気配り

① 挨拶を怠らない。

② 初対面の人でも名前を覚えて、名前で呼ぶようにする。

【G】 人為的事故（human error）について

人為的事故とは、人間による「失敗」や「過ち」が原因の事故のことである。

厳密にいうと「すべきことをしなかった」「すべきでないことをした」など、人間の行為によって意図しない結果が起きることである。

① 「すべきことをしなかった」とは、本来ならやらなければならないことを忘れたり、一部を省いたりすることによる失敗である。

②「すべきでないことをした」とは間違っていることを行ったことによる失敗で、選択・順序・時間・質などの間違いによって起きることである。

人為的事故には、「人間がまったく意図していないのに発生するもの」と「人間が意図して行動したために発生するもの」がある。

① 意図しない行動に起因する事故のよくある例としては、知識不足・スキル不足・不慣れなどによるものである。本人の未熟さだけでなく、連絡または連携不足・勘違いによるものもある。適正・適切な目標を掲げていても、それと異なる間違った行動により失敗してしまうことが、意図しない行動による事故である。

② 意図した行動に起因する事故は、本人が意図を持って行動したのに起きてしまったものである。例えば、定められた規則や手順があるのに、疲労などによる集中力の欠如により、別のことをしてしまったことが原因の事故である。マニュアルの形骸化などによる手順無視や手抜きなども同様であるが、これは違反行為でもある。

③ 人為的事故に含まれないものもある。例えば、マニュアルや規則に決められた手順に沿って行動していたにもかかわらず、意図しない結果になった場合である。マニュアルや規則が間違っていたか、機械や装置が故障していたか、または想定外のことが原因と考えられる。

意図しない行動によるものと、意図した行動によるものとで、取るべき対策は異なる。

① 意図しない行動によるものに対しては、「知識やスキルの不足」「思い違い」「不注意」などであり、これを防ぐには「従業員の研修や教育をしっかりと行う」「経験を積めるような仕組みを作る」「マニュアルや規則を整備をする」ことが必要である。

② 意図した行動のものは、手順の無視や手抜きが原因にあり、「大丈夫だろう」というアバウトな性格の人物によるものなので、危険な作業は不向きである。また、規則や手順を省いてもよいと考える心理状況は、作業を終えるまでの時間がないときや、組織に安全重視の考えや空気が欠落しているときなどに起こりやすい。その対策としては、職場環境の見直しをする必要がある。

いずれにせよ、事故を起こした本人を叱ったり罰したりなど、または「安全第一」などの建前を掲げたりするだけでは改善できない。原因を究明して、事故が起きにくい仕組みや環境作りが重要なのである。

第4項　稽古の手順

【A】　演劇の稽古

演劇の稽古の日程はジャンル、劇団、演出家、規模によって異なる。基本的に「読み合わせ」「立ち稽古」「舞台稽古」で、オペラやミュージカルでは歌手の個人稽古が行われる。

したがって、ここでは日本発祥の歌舞伎と欧州発祥のオペラの基本的な稽古、そしてオペラから派生したミュージカルの稽古の一例を記述する。

A.1. 歌舞伎の稽古
顔寄せ：主催者、俳優、主要スタッフが集まって行うセレモニーで、団結式のようなものである。

読み合わせ：顔寄せに続いて、俳優たちが演出家の前に集まり、台本を見ながら自分のセリフを読む稽古である。ここでは感情を込めずに淡々と読み、読み方を確認したり、しゃべり難いところを修正したり、つじつまの合わないところを変更したりする。読み合わせから立ち稽古までの、俳優だけの稽古を「平稽古」とも呼んでいる。

立ち稽古：俳優が実際の舞台の寸法と、自分の立つ位置を確認して実際に動きながら行う稽古である。この段階で、音楽監督である附師（つけし）と主要演奏者が立ち会い、実際に演奏しながら選曲する。

附立（つけだて）：立ち稽古の最後で、音楽や効果音などの音を付けて行う稽古である。

総ざらい（総稽古）：稽古場における最終稽古で、この段階でツケと柝（拍子木）も入り、途中で止めないで進行する。この日は並行して、舞台で大道具を組み立てて照明を作る「道具調べ」が行われる。

道具調べ：総ざらいに並行して、舞台では大道具の組み立てをして照明を作る作業が行われる。音響は機器の設置・調整を行う。

舞台稽古：本番と同じく舞台装置を飾って、俳優は扮装をして本番同様に行う稽古である。

　　*歌舞伎は通常、伝統的な古典作品を一ヶ月単位で上演しているので、4日〜7日程度の稽古で幕を開けている。新作や復活上演の場合の稽古は、長期になる。また、舞台稽古の前に舞台転換のところだけの「転換稽古」などを行うことがある。

　　能楽の「能」と「狂言」は、演能日の前日または当日などに、出演者が集まって打ち合わせと場当たり的な稽古を行うが、これを「申し合わせ（もうあわせ）」と呼んでいる。

A.2. オペラの稽古

個人稽古：演目決定後に行う歌手の個人的な練習で、コレペティトゥーア（Korrepetitor）によりピアノ伴奏をしながら音楽表現の指導を受ける。コレペティトゥーアは個人稽古のトレーナーである。

音楽稽古：稽古場での稽古で、楽譜を見ながら、副指揮者やコレペティトゥーアなどの音楽スタッフと音楽的な仕上げをする。外国語上演の場合、発音の確認のために言語指導者が加わる場合もある。

マエストロ稽古：本番の指揮者の参加でテンポなどを確認する稽古。本番で指揮をする指揮者のことを「本棒」ともいう。マエストロ（maestro）はイタリア語で指揮者の意。

音楽通し稽古：暗譜で全曲を通す稽古で「暗譜稽古」ともいう。

立ち稽古：演出家が出席して演技をつける稽古で、演出家でなく演出助手が指導することがある。大雑把な演技指導は「荒立ち」という。

通し稽古：音楽も演技も仕上がった段階で、全曲を通す稽古なので、ここには舞台監督・大道具・小道具・ステージマネージャ等も参加する。大雑把に通すのは「荒通し（あらとおし）」という。ここまでの稽古はピアノ伴奏で行われる。

オーケストラ練習：歌手たちの通し稽古の頃、オーケストラのメンバーだけで練習をする。略して「オケ練」と呼んでいる。

オーケストラ合わせ：歌手とオーケストラ伴奏による稽古で、略して「オケ合わせ」という。

仕込み：オケ合わせと同時に、公演を行う会場では舞台スタッフによる「仕込み」が行われる。

場当たり：実際の舞台および舞台装置を使い、出演者の立ち位置や登退場の導線確認、小道具の置き場などを確認・修正する。通常は音楽を伴わないで行われるが、衣装の早替えや曲中の舞台転換などがある場合はピアノ伴奏により必要な部分のみの稽古を行う。これを「音付き場当たり」ともいう。

BO（ベーオー）：ドイツ語の Buehnenprobe mit Orchester（ビューネンプローベ・ミット・オルケスタ）の略で、オーケストラ伴奏による本舞台上での立ち稽古のこと。指揮者主導で行われ、舞台装置の転換は安全確保のために明るめの照明もしくは作業灯で行われることが多い。歌手は実際の立ち位置で歌い、歌とオーケストラとの音響バランスを調整、確認する。

ハウプトプローベ（Hauptprobe）：舞台を使い本番同様の状態で行う稽古で、後述する最終稽古の前に行われる。略して「ハーペー（HP）」という。進行を途中で止めたり、問題があった個所をやり直したりして進行する。本来はオーケストラ伴奏で行われるものだが、場合によってはピアノ伴奏で行われることもある。その場合はドイツ語でクラヴィア・ハウプトプローベといい、略して「カーハーペー（KHP）」という。クラヴィア（Klavier）は鍵盤楽器の意。

ゲネラルプローベ（Generalprobe）：ドイツ語で、舞台で本番同様の状態で行う最終稽古で、略して「ゲネプロ（GP）」という。

公開ゲネプロまたはプレビューと称して、初日前に関係者を招待して試演を行うこともある。

　　オペラの稽古の名称や用語の多くは、ドイツ語を用いている。アルファベット「A,B,C」の読みは「アー、ベー、ツェー」になる。

A.3. ミュージカルの稽古

個人指導：歌唱指導者と演出家から、役の表現や歌い方の指導を受ける。

歌稽古：ピアノ伴奏による歌の稽古を音楽監督または歌唱指導者の下で行う。歌詞を覚えたら台詞と合わせて、振りの稽古に進行する。歌稽古は別枠で実施することもある。

オーケストラ練習：別の稽古場にて、オーケストラの練習を 3 日程度行う。オケ練ともいう。

音楽通し稽古：初日はオーケストラのシーティング（座順）、単音チェック、オーケストラだけのサウンドチェック。2 日目に 1 幕の歌合わせ（オケ付き）。3 日目は 2 幕の歌合わせ（オケ付き）。歌合わせは、スタンドマイクを用いて歌のみに集中、ワイヤレスマイクを付けて動きながらの歌唱を、それぞれ 2 回行うのが一般的。4 日目はワイヤレスマイクを付けてのオケ付きで通し稽古をする。

立ち稽古：演出家が出席して俳優に演技を付ける稽古で、再演物は演出助手が担当することもある。

通し稽古：舞台監督、演出部、小道具、照明デザイナ、衣装デザイナなどが参加して行う稽古場での通し稽古。音響は音出しを行い、映像はネタ見せなどをする。この稽古は、ピアノの伴奏で行う。

衣装付き通し稽古：衣装を付けてメイクを施した稽古。

舞台の仕込み：場当たり前までにオーケストラのシーティング、単音チェック、サウンドチェックを終わらせ、場当たり前に曲を選んでボーカルチェックを行う。

場当たり：基本的に俳優の出ハケ（登場・退場）の確認、小道具の受け渡し、衣装の着替え、道具の転換、振り付け立ち位置の確認、照明の合わせなどをブロックごとに実施。マエストロも参加して確認することが多い。

この後にオーケストラを入れての全セクション参加による「ブロック通し」を行うのが一般的である。

ゲネラルプローベ：舞台で本番同様の状態で行う最終稽古で、一般公開または関係者のみに公開することがある。

＊現代劇においても名称は多少異なるが、同様の稽古が行われている。

ひとつのシーン・動き・台詞など、同じところを何度も繰り返して稽古をすることを「小返し」または「返し稽古」という。

重点的に稽古をする必要のある部分だけを行う稽古、または不在の俳優がいる場合に可能な部分のみを行う稽古を「抜き稽古」という。

【B】 クラシック演奏会の稽古

クラシック音楽の定期演奏会など、重要なプログラムでは、演奏会の前に通常は3日程度の稽古を行っている。

何度も繰り返されている通俗的な名曲を集めた演奏会では、全員の楽譜の確認ということで行うこともある。しかし、演奏者にとっては、それなりに知り尽くした曲でも、演奏の強弱・テンポの変化・楽器間のバランスなど、指揮者が異なれば求めるものも違うので通常どおりの稽古を行う。

当然、初演の楽曲では、さらに長い日数を掛けて稽古を行うこともある。

演奏会当日、会場での稽古は演奏予定楽曲のすべてを行う。

例えば、夜公演の場合は13時に楽器搬入をしてセッティングを行う。演奏者はセッティングが済んでいるのを見計らって、自分の席で音出しを始める。

稽古の開始は15時が目処で、通常はプログラム順に、止めずに演奏するのが原則である。指揮者が満足できない部分があれば、小返しもある。

アンコールの曲まで、すべてをやって稽古は終了する。

海外の著名な声楽家が主催するプログラムなどでは、声楽家の喉を保護するために勘所だけ抜き出した稽古に終始することもある。

通常の演奏会は、比較的短い楽曲とソリストを招いての協奏曲（独奏者の演奏をオーケストラが伴奏する）で前半を終了する。20分程度の休憩を挟んでの後半は、交響曲や管弦楽組曲など40〜60分程度の楽曲が用意される。

第5項 貸劇場の主催者との打ち合わせ

劇場ごとに規則（条件）が異なるので、打ち合わせ内容も異なることから、ここでは一般的な打ち合わせ内容について述べる。

施設貸付業務の担当者と主催者による日時、劇場入り時間などの打ち合わせが行われた後、舞台技術に関する打ち合わせが行われる。

打ち合わせには、舞台進行、照明、音響の本番当日担当者の出席、または技術統括者だけが出席する場合もある。

また、主催者が団体なのか個人であるのか、プロフェッショナルであるのかアマチュアであるのか、または公演内容や規模によっても異なるが、主催者側から主催者だけが出席する場合とマネージャや技術スタッフが同行する場合とがある。この違いによって、対応が異なる。

特にアマチュアの場合は、劇場側が懇切丁寧に説明しながら、どのようにしたいのかを聞き取らなければならない。この方たちに「仕込み図と進行表を持参せよ」は通用しない。この方たちは今後、劇場利用の常連になるかも知れないので、舞台での仕来り（ならわし）や常識を丁寧に教えてあげるべきである。

【A】　基本的な確認事項

A.1.　スケジュールの確認（劇場の貸出時間などの規則について伝える）

① 主催者側関係者の施設への入場から退出までのスケジュール

② 主催者と出演者の楽屋入り時間

③ 大道具や機材などの搬入時間・仕込み開始時間

④ 生花・盆栽・看板などの到着時間

⑤ 舞台稽古・開場・開演・終演・撤収・退出の予定時間

⑥ 客席使用制限用（招待席など）の席札の貸し出しの有無

A.2.　進行表などの提出依頼

タイムテーブルなどの提出を依頼する。

【B】　技術的な打ち合わせ

B.1.　乗り込み技術スタッフの有無

音響・照明・舞台進行などの担当は、劇場職員か乗り込みスタッフかを明確にする。

B.2.　持込み機材などの搬入車両の確認

B.3.　仕込み図などの提出依頼（主催者がプロの場合）

B.4.　利用備品の確認

B.5.　利用設備の確認

オーケストラピットや仮設花道、音響反射板設置などの有無を確認し、これらの準備は劇場スタッフまたは手慣れた外注スタッフでないと不可能であることを主催者に伝え、外注する場合はその経費を申し出て許可を得る。

B.6.　ピンスポットやビデオ機器の操作に関する確認

B.7.　ピアノ調律

ピアノを使用する場合は、調律の開始時間と終了時間、ピッチ、調律師の手配（手配は主催者側か劇場側かを確認）などを調整する。

B.8.　プロジェクタの使用の有無

投影内容を確認（市販の DVD 等の公開は制作者の許可が必要であることを説明）して、ノートパソコン持参による接続と設定などを確認し、劇場スタッフから注意すべき事項を説明する。

B.9.　仮設電源使用の有無（担当者の氏名と連絡先）を確認

電源使用料が必要であれば金額を提示して主催者の許可を得る。

B.10.　演奏の場合、著作権許諾申請の有無の確認

主催者が上記申請を行うことを確認する。

B.11.　劇場スタッフによる録音または録画の受託の有無

主催者による著作権許諾が得られている場合に受託する。劇場で受託しない決まりの場合は断る。いずれにせよ、劇場側による複製作業は断るべきである。

B.12. 主催者側手配の外来録画業者の有無

外来録画業者から音声分配の要望がある場合は、音声の状態と注意事項を説明する。

B.13. オンライン配信の有無

専用のインターネット回線がある場合は、利用を許可する。

B.14. 持込み無線機器の有無

業務用無線機、特定小電力無線機、ワイヤレスマイク、ワイヤレスインカムなどの持込みを確認して、劇場の設備との混信を防ぐ。

B.15. その他

① 火気使用の有無（主催者が消防署へ禁止行為解除承認を申請し、結果を劇場に報告）

② 身障者の来場に対する駐車場所の確保の有無

③ 講師・来賓に対する駐車場所の確保の有無

④ 貴重品の管理（無料または有料ロッカーの案内）

⑤ 主催者側のスタッフ全員の名札着用を依頼

⑥ 出演者は、舞台進行の許可が出るまでは舞台への立ち入りを禁止

⑦ 避難誘導灯の本番中消灯の有無を確認

⑧ 主催者側に地震・火災時の対応方法を説明して協力を依頼

⑨ 感染症流行時は、感染症対策に関する説明を行い、そのための備品持ち込みなどを要請

B.16. 見積書の作成

打ち合わせをしながら書き込める見積書のフォーマットを作成しておいて、打ち合わせ後に、その場で主催者に渡せるようにするか、または数時間後にEメールにて主催者に本見積書を送付できるとよい。

注意：主催者がプロなどの場合は、さまざまな図やリストを要求できるが、利用者がアマチュアの場合は、施設側が丁寧な聞き取りをしてまとめる。

第6項　設備の点検、保守、改修

舞台における点検や保守は事故などを未然に防ぐために、とても大切なことである。その結果、直ちに対処しなければならない状態となった場合は、早急に手続きを行うべきである。

これを怠ると、膨大な損害を被ることにもなる。

【A】　エレベータ・エスカレータの点検

これは国土交通省の所管であるが、劇場設備全体に通用することなので参考にしたい。

劇場のエレベータとエスカレータは安全を維持するために、「定期検査報告」と「保守点検」をしなければならない

「定期検査報告」とは、検査者（一級建築士や二級建築士、または昇降機等検査員）が6ヶ月〜1年ごとに、「エレベータが国土交通大臣が定める基準に適合しているかどうか」を調べ、結果に基づいて定期検査報告書を作成し、特定行政庁に報告する義務がある。

エレベータの定期検査報告には、検査の項目ごとに「要是正」「重要点点検」「指摘なし」の3段階の判断がされる。

　① 要是正は、修理や部品の交換が必要で、速やかに是正すべき状態のこと

　② 重要点検は、次回の検査までに「要是正」に至るおそれがある状態のこと

　③ 指摘なしは、良好な状態のこと

「要是正」と判断された場合、それに従わないと特定行政庁によって、是正状況の報告聴取や是正命令が行われる。また、罰則規定により罰金を支払う可能性もある。

「保守点検」とは、建築基準法に基づく点検で、専門技術者が使用頻度に応じて「エレベータに異常がないかどうか」を調べることである。

保守点検の記録は 3 年以上保管する。

保守点検の目的は昇降機の「性能維持」と「安全保持」で、「定期検査報告」にて「要是正」の判断を受けないために必要な作業である。

この 3 段階判断を舞台設備の定期保守に取り入れるべきではないだろうか。

【B】　舞台設備の点検・保守

劇場の設備は新しくして、それを上手に活用すれば本来の性能を発揮できるが、日一日と古くなり、経年劣化する。

人間もまた、生まれてから徐々に成長もするが、ときどき病に冒される。

設備や機器のことを、人間と同じように考えてみると、その活用方法や労わり方を学ぶことができる。

　① 点検：誤りや不良箇所など悪い所がないかと、丁寧に検査することで、点検する人は診察する医師にあたる。

　② 保守：点検の結果に基づき、正常な状態を保てるように処置することで、人間の健康管理にあたる。不具合があれば舞台の運用を妨げないように、事前に応急処置を施す。

　③ 修理：傷んだり壊れたりして自分では手に負えなくなったところを修繕することで、これは医師の治療にあたる。

機器は、車と同様に運転する人の手加減で、使いやすくなり、故障も少なくなる。つまり上手に使用すれば、うまく動いてくれるし、長持ちするということである。

定期的な保守業務をメーカーなどに発注することが多くなっている。特にデジタル機器になってからは劇場の技術者では手に負えなくなっている。

アナログ時代でも多かったのは、保守後の不具合、設定のやり直し作業などが多発することである。基の使用状態に戻す作業を想定しておかなければならない。

B.1. 改修

改修は、建物や設備を改良して、新しい物と入れ替えたり作り直すことである。

劇場の設備改修は 10 年を目安としているが、予算獲得の問題で、なかなか実現しないのが現状である。

そのため改修箇所を分割して年次計画を作成して実施することが多い。

設備改修は、次のようなことを基本として考えて実行するとよい。

　① 改修基本計画は、実際に運用してきたスタッフの意見を基に立案して、設備施工会社と詳細を協議して決定する。

　② 開場当初の設備は、どのように運用されるかを想定できない人たちが設計していることが多い。そのため、改修時まで全く使用されていない設備もある。そのような余分な設備は廃棄すればよい。

③ 長年使用していて不足している設備、運用が簡単で安全で、効率が向上する設備を導入する。

④ 実際に操作している若手の技術者も交えて、10年先までのことを考慮して計画する。

⑤ 『流行り物は廃り物』という諺を念頭に、あまり使用することのない流行りの機器はレンタルにするか、貸劇場であれば乗り込み業者の持参とする。

⑥ 劇場の技術スタッフ人数などに合致した設備にする。

⑦ デジタル回線やLED照明回線を新規に設けても、非常時を想定して旧来のアナログ回線などは残しておくとよい。

⑧ 常設の機器でも、リースによる導入も検討する。

B.2. リースとレンタルの違い

リースとレンタルとの大きな相違点は、契約期間の長さである。

項目	リース	レンタル
契約期間	中長期（5年〜10年）	短期間（最短1日）
対象物件	ユーザーが指定した機器	レンタル会社所有の機器
機器状態	新品	中古
中途解約	不可	可能
物件所有権	リース会社	レンタル会社
保守・修繕	ユーザー	レンタル会社
料金	物件価格×リース料率	一定の料金設定
中途解約	不可	可能
契約後の物件	返却または延長契約	返却

図3-10《リースとレンタルの違い》

リースは、5年から10年程度といった中長期で物件を借りることである。そのため、長く使い続ける機器がリースの対象となる。リース契約の終了後も同一機器を、わずかな金額で契約延長することも可能である。

レンタルは、日単位や週単位、月単位といった短期で物件を借りることである。❖

第 4 章

危機管理

　危機管理とは、地震・停電・事件など、天災・人災を問わず不測の事態に対して事前の準備を行い、被害を最小限に食い止めるよう対処するための諸施策のことである。クライシス・マネジメントまたはリスク・マネジメントという。

　そのためには、さまざまな事態を想定して、対処方法を研究、訓練しておかなければならない。

　緊急事態時の対処については、経験豊富な先人の教えを受けて、瞬時に的確な判断を下せる能力を習得しなければならない。

第1項　事故には責任が伴う

　　　　事故を起こすと、次のような責任が問われる。

　　　　事故発生後は、機敏な対応と迅速な復旧が被害拡大の防止となり、損失を軽減できる。事故の内容によっては弁護士を立てる。

　　1. 行政責任

　　　　業務停止などの命令が下る

　　2. 民事責任

　　　　損害賠償などが発生

　　3. 刑事責任

　　　　刑法違反、業務上過失、施設管理責任、労働安全衛生法違反などで処罰

　　4. 道義的責任

　　　　信用失墜

【A】　日頃の自覚

　　　　次のことを肝に銘じておくべきである。

　　　　① 事故はいつでも起こり得る。

　　　　② 安全作業マニュアルを読んだだけでは、安全作業は不可能である。

　　　　③ 予測できない事故もあるが、それを想定外としない。

　　　　④ 基本は気をつけることに尽きる。つまり、想像力を働かせて事故を避けたい。

　　　　⑤ 危険な装置は、「停止方法」を最初に習得する。

　　　　⑥ 脚立や平台などで老朽化、破損・故障のおそれのある道具や設備は、すみやかに修繕または更新する。

　　　　⑦ 仕込みと撤収時、特に終演後の撤収のとき人身事故が多発しているので、ヘルメットを着用すべきである。

　　　　⑧ 災害発生時には観客、劇場利用者へ落ち着いて行動するよう促す。

　　　　⑨ 火災には初期消火が最も有効である。

　　　　⑩ 消火器の設置場所の確認と使い方の習得

　　　　⑪ 各災害に対しての避難ルートを定めて避難訓練を行う。

【B】　劇場における安全対策の対象

　　　　劇場従業員の安全対策の対象は、次のとおりである。

　　　　① 観客

　　　　② 出演者

③ スタッフ(自分も含む)

④ 建物・設備

【C】 劇場の緊急事態への心得

① 危機管理の基本は「備えあれば憂い無し」である。

② 定期的に従業員全員を招集して安全会議を開催し、注意喚起をする。

③ 各部署の責任者を決定し、責任者不在時に備えて副責任者も決める。

④ 委託のスタッフ・清掃・売店・レストランなど、すべての連携が大切である。

⑤ 整備・保守の予算を削減したり、初期対応を誤ったりすると、被害は甚大となる。

⑥ すべて人命を優先させる。

⑦ 公共施設は、緊急事態の避難所となることを想定して、その対応を準備する。

第2項 緊急事態発生時の対処

昔から「地震・雷・火事・親父」と言われてきたが、現在は「親父」に代わって「疫病」になったようである。

緊急事態発生時の対処方法は、劇場の構造と設備によって異なるので、劇場従業員は劇場の構造と設備を熟知していなければならない。

1. 出火（火災）

① 舞台、楽屋、客席、客席天井、ロビー等から出火したときは、公演を中断する。

② 劇場の監視室または守衛、消防署へ通報する。

③ 消防署への通報は、「重複」してもよいので、気づいた人が迅速に行う。

④ 非常口を使用して、観客を避難させる。公演中は非常口を解錠する。

⑤ 日頃から、終演後の客の退出に非常口を使用すると、避難訓練にもなる。

2. 地震

① 程度により公演を中断する。再開または中止は公演責任者の判断による。

② 通常、震度2程度までは続行することが多い。

③ 震度3～5で観客が騒然となった場合は、公演を中断する。

④ 震度6以上は、避難も無理なので、その場で身の安全を確保させる。

⑤ 客席天井の構造によって天井崩落の危険がある場合は、別の策を練っておく。

⑥ 公演を中断する場合は、客席の照明を明るくする。

⑦ 再開するときは、照明器具や吊り物、吊りバトンのワイヤーの滑車からの脱輪などの安全確認を行ってからにする。

⑧ 貸し公演のときは、以上のことを事前に主催者と協議しておく必要がある。

⑨ 休館日に地震が起きたとき、翌日の舞台作業は吊り物や照明器具などの安全確認をしてから行う。

⑩ さまざまな手段で、津波などの正確な情報を取得する。

⑪ 震度5弱以上の場合は、余震が収まるまで舞台設備の安全点検は控える。

⑫ 地震被害による危険箇所には、立ち入り禁止などの表示をする。

3. 停電または瞬低（しゅんてい＝電力会社の表現で瞬時電圧低下のこと）
   ① 発電所や変電所の事故、劇場の受電設備の事故、落雷などによる。
   ② 演者が非常灯で演じ続けていれば、そのまま続行する。
   ③ 数分以内で復旧しないときは公演を中断する。
   ④ 復旧したときに悪影響を及ぼす設備は電源を切り、復旧後は機器の異常などを確認してから電源を入れる。
   ⑤ 主要デジタル機器には無停電電源装置（UPS）を装備しておく。

4. 出水（スプリンクラー作動、雨漏り、洪水など）
   ① 舞台や観客席のスプリンクラーを過失により作動させてしまった場合、公演を中断させる。
   ② 過失によるスプリンクラーの作動は、一刻も早く停止させる。
   ③ 日頃から、停止バルブ（制御弁）の設置位置を確認、停止方法を訓練しておく。
   ④ 洪水のおそれがある地域の劇場は、土嚢などを常備する。
   ⑤ 津波の影響を受けるおそれがある劇場は、避難ルートと避難場所を決めておく。
   ⑥ 屋上の排水溝や屋根の雨樋などを定期的に点検して、枯れ葉などのゴミを除去する。

図 4-1《スプリンクラー（左）と制御弁（右)》

5. 病人・けが人
   ① 出演者、観客、スタッフの急病と怪我は、応急処置が重要である。
   ② 症状により本人または親族、あるいは主催者の判断で救急車を要請する。
   ③ 救急車の停車位置を明確に告げ、その場所に従業員を待機させて誘導する。
   ④ 応急処置（胸骨圧迫、人工呼吸、AED）をして救急隊員の到着を待つ。
   ⑤ 観客の中に医師、看護師がいないかを呼び掛けて協力を依頼する。
   ⑥ 救急車の到着後の救命処置と救急治療は、救急隊員に任せる。

6. 楽屋の盗難・ファンの楽屋侵入
   ① 主催側スタッフの名札着用により、劇場従業員による部外者の判別を容易にする。
   ② 劇場従業員は、常時名札を着用する。
   ③ 劇場従業員は、素早い発見力を身につける。
   ④ 盗難は警察へ通報する。
   ⑤ ファンへは怒らず、丁寧に説得をする。

7. 不審物・不審者の発見

　① 発見した従業員は、間違いであってもよいから責任者（守衛など）に通報する。

　② 劇場内全体を整理整頓して、不審物を置きにくく、または発見しやすくする。

　③ 劇場全体の関係者の連携が必要である。

　④ 刃物などを持った不審者を取り押さえるために、「刺股」を常備する。

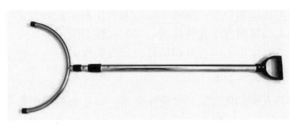

図4-2《刺股》

8. 客どうしのトラブル

　① どちらの味方にもならず、急がずに時間を掛けて、ゆっくり対応する。

　② 警察への通報は、慎重に判断する。

9. 感染症

　① 地域的に流行した場合は公演中止も考慮する。

　② 従業員にその症状があれば出勤させない。

　③ 業務中、従業員に症状が出た場合は早退させる。

【A】 事故の原因究明

　① 事故が起きた場合は原因を解明して周知させ、再発防止に役立てる。

　② 現場の責任者の氏名、スタッフの氏名を楽屋事務所などに表示して、責任を自覚させる。

【B】 安全維持の心得

　① 各部署の対立は、事故を招くことになる。

　② 部分的な知識だけではなく、劇場全体の構造と設備、仕事の流れを把握する。

　③ 小さな異常・異変でも、必ず責任者に通報して原因を究明する。

　④ 事故発生・事故処理などの情報は、従業員全員で共有する。

第3項　日頃の訓練

　① 観客の避難誘導訓練

　② 消防訓練（非常放送・火災受信機の操作方法の確認、防火戸・排煙設備・消火器・消火栓設備の位置確認、放水訓練）

　③ 起震車により震度を体験

　④ 火災の煙体験

　⑤ 応急手当の訓練

　　・胸骨圧迫

　　・人工呼吸

　　・AED（自動体外式除細動器・Automated External Defibrillator）

　　　　　　　　・搬送方法

　　　　　　　　・止血方法

第4項　日頃の学習

　　以下のことにより、訴訟や損害賠償などが予測されるので、従業員教育が必要である。

1. セクシャルハラスメント

　　公的な関係において、他者を性的対象におとしめるような行為は違法になる。特に労働の場において男性が女性に対して、女性が望んでいない性的意味合いのある行為や発言は禁じられている。女性が男性に行う同様の行為も含まれる。

2. パワーハラスメント

　　職場内の人間関係において発生する、いじめや嫌がらせのことで、上司が部下に対して行うものや、高い職能を持つ者がそうでない者に対して行うものなどがある。

　　この行為を受けた者が神経障害に陥ることもあるので、職場全員の教育を実施する必要がある。

3. 過労

　　過労とは重労働または長時間労働などによって、体や頭脳を使いすぎて、はなはだしく疲労することであって、これが原因で体調不良や精神障害に発展するおそれがある。

　　精神障害者に対しては早期に発見し、回復させるための対応が必要である。

　　職場の責任者は、スタッフの体調不良を知りながら、危険な仕事に就かせてはならない。

　　精神障害は、いつもと異なる行動や発言によって気付ける。本人は正常と思っているので、産業医だけに任せるのではなく、職場の責任者（上司、管理者など）は本人の不満や思いをすべて聞いてあげて、我慢を強いるのではなく反論せずに理解してあげることが正しい対応である。

第5項　リーダーとしての心構え

　　江戸初期の曹洞宗僧侶で作家の鈴木正三（1579～1655）は、リーダーが備えるべき能力として、次の7つの項目をあげている。これは、いまの世にも通じることばかりである。

　　① 将来を見抜く見識があること。

　　② 時代の流れを的確に読めること。

　　③ 人の心をつかめること。

　　④ 気遣いができること。

　　⑤ 自己の属している組織全体について構想を持っていること。

　　⑥ 広い観点から全体が見渡せること。

　　⑦ リーダーにふさわしい言葉遣いと態度を保っていること。

　　現在ではさらに、透明性・公平性・決断力・実行力が求められている。

　　このようなことを熟知していれば、危機管理にも精通しているリーダーとして信頼されると思う。観客も出演者も、そしてスタッフ全員が怪我もなく、万雷の拍手喝采を浴びることは裏方冥利に尽きる。❖

さまざまなトラブルを、相手が快く納得するように成すのがプロの管理者である。

第 5 章

舞台運営の法律と条例

　この章は、条文をそのまま掲載しないで、舞台技術者に必要な箇所だけを抜粋し、平易な表現にしている。

　劇場の規模等で舞台技術管理に該当しないものもあるが、一般知識として理解しておいてほしい。

第 1 部 労働基準法

　労働基準法は、労働に関する諸条件を規定している法律で、いわゆる労働法の中心となる法律として、賃金・就業時間・休息・その他の勤労条件に関する基準を定めたものである。労働基準法における基準は最低限の基準である。

1. 労働条件の原則

　　労働条件は、労働者が人間として生活を営むことができるものでなければならない。この法律で定める労働条件の基準は最低のもので、労働関係の当事者は、この基準を理由として労働条件を低下させるのではなく、向上を図るように努めなければならない。

2. 労働条件の決定

　　労働条件は、労働者と使用者が、対等の立場で決定すべきものである。労働者と使用者は、労働協約、就業規則、労働契約を守り、誠実にその義務を実行しなければならない。

3. 均等待遇

　　使用者は、労働者の国籍、信条、社会的身分を理由に、賃金、労働時間、その他の労働条件について差別してはならない。

4. 男女同一賃金の原則

　　使用者は、労働者が女性であることを理由として、賃金について男性と差別してはならない。

5. 強制労働の禁止

　　使用者は、暴行、脅迫、監禁、その他精神と身体の自由を不当に拘束して、労働者の意思に反して労働を強制してはならない。

6. 中間搾取の排除

　　法律に基づいて許される以外は、他人の就業に介入して利益を得てはならない。

7. 公民権行使の保障

　　使用者は、労働者が労働時間中に、選挙権、その他公民としての権利を行使したり、または公の職務を執行したりするために必要な時間を請求した場合は、拒んではならない。ただし、権利の行使または公の職務の執行に妨げがない限り、請求された時刻を変更することができる。

8. 法律違反の契約

　　労働基準法で決められた基準に達しない労働条件の労働契約は、その部分については無効となる。この場合、無効となった部分は、法律で決められている基準にする。

9. 労働条件の明示

　　使用者は、労働契約をするとき、労働者に対して賃金、労働時間、その他の労働条件を明示しなければならない。この場合、賃金と労働時間に関する事項、その他の厚生労働省令で決めている事項については、厚生労働省令で決められている方法で明示する。

10. 前借金相殺の禁止

　　使用者は、前借金その他労働することを条件とする前貸の債権と賃金を相殺してはならない。

11. 解雇制限

　　労働者が業務上負傷し、または疾病にかかり療養のために休業する期間とその後 30 日間、産前産後の女性が規定によって休業する期間とその後 30 日間は、解雇できない。ただし、使用者が規定に基づいて打切補償を支払う場合、または天災事変、その他やむを得ない事由のために事業の継続が不可能となった場合は、行政官庁の認定を受けて解雇できる。

12. 解雇の予告

　　労働者を解雇しようとする場合、使用者は 30 日前にその予告をしなければならない。30 日前に予告をしない使用者は、30 日分以上の平均賃金を支払わなければならない。ただし、天災事変、その他やむを得ない理由のために、事業の継続が不可能となった場合、または労働者に責任がある場合の解雇は可能である。

　　予告の日数は、1 日について平均賃金を支払った場合は、その日数を短縮できる。

13. 退職理由の証明書

　　労働者が、退職の場合に使用期間、業務の種類、その事業における地位、賃金または退職の理由（退職の事由が解雇の場合は、その理由を含む）について証明書を請求した場合は、使用者は交付しなければならない。

　　労働者が解雇の予告がされた日から退職の日までの間に、解雇の理由の証明書を請求した場合、使用者は遅滞なく交付しなければならない。ただし、解雇の予告された日以後に労働者が別の理由で退職した場合は、使用者は解雇の理由の証明書の交付をしなくてもよい。

　　退職または解雇の理由の証明書には、労働者の請求しない事項を記入してはならない。使用者は、労働者の就業を妨げることを目的として、労働者の国籍、信条、社会的身分、労働組合運動に関する情報を漏らし、またはその理由の証明書に秘密の記号を記入してはならない。

14. 金品の返還

　　使用者は、労働者の死亡または退職のとき、権利者の請求があった場合は 7 日以内に賃金を支払い、積立金、保証金、貯蓄金等、労働者に権利がある金品を返還しなければならない。

15. 賃金の支払

　　賃金は通貨で直接労働者に、その全額を支払わなければならない。また賃金は、毎月 1 回以上、一定の期日を定めて支払わなければならない。

16. 非常時払

　　使用者は、労働者が出産、疾病、災害など非常の場合の費用に充てるための請求をする場合、支払期日前であっても、すでに労働した分の賃金を支払わなければならない。

17. 最低賃金

　　賃金の最低基準は、最低賃金法の規定に従わなければならない。

18. 労働時間

　　使用者は、労働者に、休憩時間を除き 1 週間について、40 時間を超えて労働させてはならない。また、休憩時間を除き 1 日について 8 時間を超えて、労働させてはならない。

19. 休憩

使用者は、労働時間が6時間を超える場合に45分以上、8時間を超える場合に1時間以上の休憩時間を、労働時間の途中に与えなければならない。この休憩時間は、一斉に与えなければならない。また、使用者は、休憩時間を自由に利用させなければならない。

20. 休日

使用者は、労働者に対して、毎週1回以上の休日を与えなければならない。ただし、4週間を通じ4日以上の休日を与える使用者については適用しない。

21. 時間外・休日の労働

使用者は、職場に労働者の過半数で組織する労働組合がある場合はその労働組合、労働組合がない場合は労働者の過半数を代表する者との書面による協定をし、これを行政官庁に届け出た場合、労働時間の延長、または休日労働をさせることができる。

22. 時間外・休日・深夜の割増賃金

使用者が、労働時間を延長し、または休日に労働させた場合は、通常の労働時間または労働日の賃金の計算額の2割5分以上〜5割以下の範囲内で、割増賃金を支払わなければならない。使用者が、午後10時から午前5時までの間において労働させた場合は、通常の労働時間の賃金の計算額の2割5分以上の率で計算した割増賃金を支払わなければならない。

23. 有給休暇

使用者は、雇入れた日から起算して6ケ月間継続勤務し、全労働日の8割以上出勤した労働者に対して、継続または分割した10日の有給休暇を与えなければならない。

24. 最低年齢

使用者は、満15歳に達した日以後の最初の3月31日が過ぎていない児童（中学生以下）を使用してはならない。映画の製作または演劇の場合は、行政官庁の許可を受けて、満13歳未満であっても修学時間外に使用することができる。

25. 年少者の証明書

使用者は、満18歳に満たない者に労働させる場合、その年齢を証明する戸籍証明書を事業場に備え付けなければならない。また、修学に差し支えないことを証明する学校長の証明書、親権者または後見人の同意書も備え付けなければならない。

26. 未成年者の労働契約

親権者または後見人は、未成年者に代って労働契約を結んではならないし、親権者や行政官庁等が、この契約が未成年者に不利と認めた場合は解除することができる。

27. 未成年者の賃金受け取り

未成年者は、独立して賃金を請求することができる。親権者または後見人は、未成年者の賃金を代って受け取ってはならない。

28. 児童の労働時間および休日

児童の労働時間は、「修学時間を通算して1週間について40時間」以内と、「修学時間を通算して1日について7時間」以内とする。

29. 深夜業

使用者は、満18歳に満たない者を午後10時〜午前5時までの間において使用してはならない。

ただし、交替制によって使用する満16歳以上の男性は使用できる。

厚生労働大臣が認める場合は、地域または期間を限定して、午後 11 時〜午前 6 時に変更できる。

交替制の場合は、行政官庁の許可を受けて、午後 10 時 30 分まで、または午前 5 時 30 分から労働させることができる。

30. 危険有害業務の就業制限

使用者は、満 18 歳に満たない者を、爆発性、発火性、引火性の材料を扱う業務に就かせてはならない。

31. 徒弟の弊害排除

使用者は、徒弟、見習、養成工など、技能の習得を目的とする者であることを理由として、労働者を酷使してはならない。

使用者は、技能の習得を目的とする労働者に家事、その他技能の習得に関係のない作業をさせてはならない。

32. 療養補償

労働者が業務上ケガをし、または病気にかかった場合、使用者は必要な療養をさせ、その費用を負担する。

33. 休業補償

労働者が業務が原因となる療養によって労働できない場合、使用者は労働者の療養中平均賃金の 60/100 の休業補償をする。

34. 障害補償

労働者が業務上ケガをし、または病気にかかり治ったが身体に障害があるとき、使用者は障害の程度に応じて、平均賃金に所定の日数を乗じて得た金額の障害補償をする。

35. 休業補償および障害補償の例外

労働者が重大な過失によるケガ・病気にかかったときで、その過失について行政官庁の認定を受けた場合は、休業補償または障害補償を行わなくてもよい。

36. 遺族補償

労働者が業務上死亡した場合、使用者は遺族に対して平均賃金の 1000 日分の遺族補償を行わなければならない。

37. 葬祭料

労働者が業務上死亡した場合、使用者は葬祭を行う者に平均賃金の 60 日分を葬祭料として支払わなければならない。

38. 打切補償

補償を受けている労働者が、療養開始後 3 年を経過しても負傷・疾病がなおらない場合、使用者は、平均賃金の 1200 日分の打切補償を行い、その後の補償を行わなくてもよい。

39. 補償を受ける権利

補償を受ける権利は、労働者の退職によって変更されることはない。また、補償を受ける権利を譲渡、または差し押えてはならない。

40. 審査仲裁

業務上の負傷、疾病、死亡の認定、療養の方法、補償金額の決定、その他補償の実施に関して異議のある場合は、行政官庁に審査または事件の仲裁を申し立てることができる。行政官庁は、必要があると認める場合に、職権で審査または事件の仲裁をすることができる。❖

第2部 労働安全衛生法

労働安全衛生法とは、労働災害の防止のために「危害防止基準の確立」「責任体制の明確化」などによって、職場における労働者の安全と健康を確保し、快適な職場環境の形成を目的としている。労働者だけでなく事業者（雇用者）の義務も含まれている。

舞台の業務については直接には記載されていないが、他の事業と同様に「機械や設備による危険」「爆発物・発火物等による危険」「電気・熱その他のエネルギーによる危険」「精密工作などの作業方法による健康障害」「労働者の作業行動から生ずる労働災害」「窮迫した危険に対する退避措置」等、事業者が措置をとらなければならない項目に該当することから、職場の安全と衛生を確保するための役割を担う担当者の配置が必要であるとみなすべきである。

労働安全衛生法で配置が義務付けられているのは、「総括安全衛生管理者」「産業医」「安全管理者」「衛生管理者」「安全衛生推進者」「衛生推進者」「作業主任者」などであり、設置義務は職場の規模によって異なる。

また、免許や技能講習等を必要とする業務に、無資格者を就かせてはならない。

図5-1に示すとおり、業種と規模により各種管理者等の配置が決められているので、各々が判断して対処すべきである。

第1項 事業者の義務

労働安全衛生法は、安全確保だけでなく労働者の健康を守るため、各種検査等必要な措置の実施を事業者に義務づけている。事業者は、労働者に快適に働いてもらうための環境を整えるよう努めなければならないのである。

① 労働者の健康のための作業方法や作業時間の管理

② 定期的に各種の健康診断を実施

③ 健康診断結果による必要な措置と対処方法を医師から聴取

④ 健康診断結果による就業場所の変更、労働者の健康保持のため必要な措置を実施

労働安全衛生法では、以下の者を「労働者」と定めていて、労働者は労働災害を防止するための規則を守り、事業者が実施する労働災害防止のための措置に協力しなければならない。

・事業や事務所に使用される人

・労働の対価として賃金を支払われる人

ただし、以下の場合は労働者に含まれない。

・同居の親族だけを使用している事業または事務所に使用される人

・家事使用人

労働安全衛生法では、事業を行う労働者を使用する者を「事業者」という。

事業者は、法律で定められた労働災害の防止に関する具体的な基準を守る必要があり、下記のような責務が規定されている。

① 職場における労働者の安全と健康を確保

② 国の労働災害の防止に関する施策に協力

③ 労働条件を改善

④ 職場環境を快適に整備

1. 総括安全衛生管理者

一定の規模以上の事業場について、事業を実質的に統括管理する者を「総括安全衛生管理者」に選任し、その者に「安全管理者、衛生管理者等」を指揮させるとともに、労働者の危険または健康障害を防止するための措置等の業務を下記のとおり統括管理させる。

① 労働者の危険または健康障害を防止するための措置に関すること

② 労働者の安全または衛生のための教育の実施に関すること

③ 健康診断の実施その他健康の保持増進のための措置に関すること

④ 労働災害の原因の調査および再発防止対策に関すること

⑤ その他労働災害を防止するために必要な業務

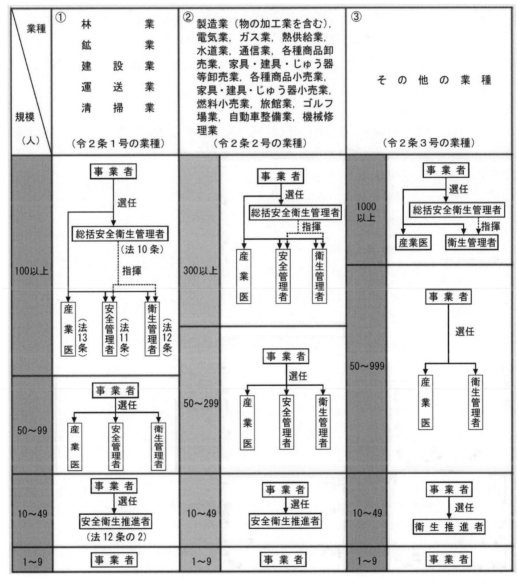

図 5-1《事業場規模別・業種別安全衛生管理組織　京都労働局ホームページから引用》

2. 安全管理者

一定の業種および規模の事業場ごとに「安全管理者」（その事業場に専属の者）を選任し、その者に安全衛生業務のうち、安全に係る技術的事項を管理させる。

安全管理者選任時研修を受ける必要がある。

安全管理者は次の事項を行う。

① 建設物、設備、作業場所または作業方法に危険がある場合における応急措置、または適当な防止の措置

② 安全装置、保護具その他危険防止のための設備・器具の定期的な点検および整備

③ 作業の安全についての教育と訓練

④ 発生した災害原因の調査と対策の検討

⑤ 消防と避難の訓練

⑥ 作業主任者、その他安全に関する補助者の監督

⑦ 安全に関する資料の作成、収集および重要事項の記録

<u>巡視と権限の付与</u>

① 作業場等を巡視し、設備作業方法等に危険のおそれがあるときは、その危険防止のために必要な措置を指示する権限がある。

② 事業者は、安全管理者に対し、安全に関する措置ができる権限を与えなければならない。

3. 衛生管理者

一定の規模および業種の区分に応じ「衛生管理者」を選任し、その者に安全衛生業務のうち、衛生に係る技術的事項を管理させる。

衛生管理者は、次の事項を行う。

① 健康に異常のある者の発見と処置

② 作業環境の衛生上の調査

③ 作業条件、施設等の衛生上の改善

④ 労働衛生保護具、救急用具等の点検と整備

⑤ 衛生教育、健康相談その他労働者の健康保持に必要な事項

⑥ 労働者の負傷と疾病、それによる死亡、欠勤と異動に関する統計の作成

⑦ 衛生日誌の記載等職務上の記録の整備など

<u>定期巡視</u>

① 衛生管理者は少なくとも毎週1回作業場を巡視し、設備、作業方法または衛生状態に有害のおそれがあるときは、労働者の健康障害を防止するための措置をする。

② 事業者は、衛生管理者に対し、衛生に関する措置をなし得る権限を与える。

4. 産業医

一定規模以上の事業場について、一定の医師のうちから「産業医」を選任し、事業者の直接の指揮監督の下で専門家として労働者の健康管理等に当たらせる。

産業医は、主に次の事項を行う。

① 健康診断と面接指導等を実施し、この結果に基づき労働者の健康を保持する措置に関すること

② 作業環境の維持管理に関すること

③ 作業の管理に関すること

④ 労働者の健康管理に関すること

⑤ 健康教育、健康相談その他労働者の健康の保持増進を図る措置に関すること

⑥ 労働者の健康障害の原因の調査と再発防止のための措置に関すること

勧告等

　労働者の健康を確保するため必要があると認めたときは、事業者に対し必要な勧告をする。また、労働者の健康障害の防止に関して、総括安全衛生管理者に対する勧告または衛生管理者に対する指導、助言ができる。

定期巡視と権限の付与

① 産業医は、少なくとも毎月 1 回作業場等を巡視し、作業方法または衛生状態に有害のおそれがあるときは、労働者の健康障害を防止するため必要な措置をする。

② 事業者は、産業医に対し、上記の事項を実施する権限を与える。

5. 安全衛生推進者と衛生推進者

　一定の業種および規模の事業場ごとに、安全衛生推進者または衛生推進者を選任し、その者に労働者の危険または健康障害を防止するための措置等の業務を担当させる。

① 施設、設備等（安全装置、労働衛生関係設備、保護具等を含む）の点検および使用状況の確認と、これらの結果に基づく必要な措置に関すること

② 作業環境の点検（作業環境測定を含む）および作業方法の点検の結果に基づき、必要な措置に関すること

③ 健康診断と健康の保持増進のための措置に関すること

④ 安全衛生教育に関すること

⑤ 異常な事態における応急措置に関すること

⑥ 労働災害の原因の調査および再発防止対策に関すること

⑦ 安全衛生情報の収集と労働災害、疾病・休業等の統計の作成に関すること

⑧ 関係行政機関に対する安全衛生に係る各種報告、届出等に関すること

第 2 項　安全衛生委員会の設置

1) 事業場の業種と規模に応じて、安全委員会や衛生委員会を設置し、毎月 1 回以上開催する。

2) 安全委員会および衛生委員会を設けなければならないときは、それぞれの委員会の設置に代えて、安全衛生委員会を設置することができる。❖

第3部 労働者派遣と請負

請負であるのに労働者派遣として労働させると偽装請負になる。

事故などが発生したときに偽装請負が発覚して、発注者と請負業者の双方が罰せられるので、請負と労働者派遣の違いをよく理解して、法に則り労働させなければならない。

第1項 労働者派遣と請負の違い

劇場の舞台技術業務は、外部の請負事業者に委託していることが多い。

(この項は、厚生労働省・都道府県労働局のウェブサイトの「労働者派遣・請負を適正に行うためのガイド」を参考にしている)

業務の遂行においては、労働者派遣なのか請負なのかを明確にし、それに応じた安全衛生対策や労務管理の適正化を図ることが必要である。労働者派遣、請負のいずれに該当するかは、「労働者派遣事業と請負により行われる事業との区分に関する基準」に基づき、実態に即して判断されるものである。

1. 労働者派遣事業と請負により行われる事業との区分に関する基準

(昭和61年労働省告示第37号) (最終改正 平成24年厚生労働省告示第518号)

第一条 この基準は、労働者派遣事業の適正な運営の確保及び派遣労働者の保護等に関する法律 (昭和六十年法律第八十八号。以下「法」という) の施行に伴い、法の適正な運用を確保するためには労働者派遣事業 (法第二条第三号に規定する労働者派遣事業をいう。以下同じ) に該当するか否かの判断を的確に行う必要があることに鑑み、労働者派遣事業と請負により行われる事業との区分を明らかにすることを目的とする。

第二条 請負の形式による契約により行う業務に自己の雇用する労働者を従事させることを業として行う事業主であっても、当該事業主が当該業務の処理に関し次の各号のいずれにも該当する場合を除き、労働者派遣事業を行う事業主とする。

[一] 次のイ、ロ及びハのいずれにも該当することにより自己の雇用する労働者の労働力を自ら直接利用するものであること。

　イ 次のいずれにも該当することにより業務の遂行に関する指示その他の管理を自ら行うものであること。

　　(1) 労働者に対する業務の遂行方法に関する指示その他の管理を自ら行うこと。

　　(2) 労働者の業務の遂行に関する評価等に係る指示その他の管理を自ら行うこと。

　ロ 次のいずれにも該当することにより労働時間等に関する指示その他の管理を自ら行うものであること。

　　(1) 労働者の始業及び終業の時刻、休憩時間、休日、休暇等に関する指示その他の管理 (これらの単なる把握を除く) を自ら行うこと。

　　(2) 労働者の労働時間を延長する場合または労働者を休日に労働させる場合における指示その他の管理 (これらの場合における労働時間等の単なる把握を除く) を自ら行うこと。

　ハ 次のいずれにも該当することにより企業における秩序の維持、確保等のための指示その他の管理を自ら行うものであること。

　　(1) 労働者の服務上の規律に関する事項についての指示その他の管理を自ら行うこと。

　　(2) 労働者の配置等の決定及び変更を自ら行うこと。

［二］次のイ、ロ及びハのいずれにも該当することにより請負契約により請け負つた業務を自己の業務として当該契約の相手方から独立して処理するものであること。

　イ 業務の処理に要する資金につき、すべて自らの責任の下に調達し、かつ、支弁すること。

　ロ 業務の処理について、民法、商法その他の法律に規定された事業主としてのすべての責任を負うこと。

　ハ 次のいずれかに該当するものであって、単に肉体的な労働力を提供するものでないこと。

　　(1) 自己の責任と負担で準備し、調達する機械、設備もしくは器材（業務上必要な簡易な工具を除く）または材料もしくは資材により、業務を処理すること。

　　(2) 自ら行う企画または自己の有する専門的な技術もしくは経験に基づいて、業務を処理すること。

第三条 前条各号のいずれにも該当する事業主であっても、それが法の規定に違反することを免れるため 故意に偽装されたものであつて、その事業の真の目的が法第二条第一号に規定する労働者派遣を業として行うことにあるときは、労働者派遣事業を行う事業主であることを免れることができない。

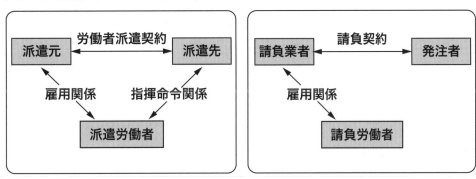

図 5-2《労働者派遣（左）と請負（右）の違い》

2. 労働者派遣事業とは

　労働者派遣事業とは、派遣元事業主が自己の雇用する労働者を、派遣先の指揮命令を受けて、この派遣先のために労働に従事させることを業としている。

3. 請負とは

　請負とは、労働の結果としての仕事の完成を目的とすることであるが、労働者派遣との違いは、「発注者と請負労働者との間に指揮命令関係がない」ということである。

4. 指揮命令とは

　指揮命令とは「雇用者が労働者に対して監督し、命令すること」である。

　具体的には労働者に対しての仕事の割り振り、技術指導、勤務時間の指示、勤務状態の点検等および労働者の採用、解雇、給与、休日等の待遇に関する指示または裁量することである。

　請負では自らの労働者でない者に指揮命令をすることはできない。

　請負労働者としては、自身に指揮命令をすることができるのは「自らを雇用している雇用主のみ」ということになる。請負契約において、自らの雇用者ではない労働者に対して指揮命令を行うと、「偽装請負」となり処罰される。

　労働者派遣の場合は、派遣先の指揮命令によって派遣労働者は仕事をすることになっている。ただし、労働者派遣事業を行うには、都道府県労働局の許可を得る必要がある。

第2項 請負の運用について

請負の場合は、請負業者が「管理責任者」を設けて、発注者は請負労働者に直接ではなく、管理責任者に要望を伝えるようにするとよい。管理責任者不在のことを考慮して、副管理責任者を設ける。

管理責任者は、作業者を兼務して、普通の作業を行っても問題ない。

請負労働者が1人だけの場合、その労働者が管理責任者を兼務することはできないが、管理責任者からの指揮命令が行われていれば、管理責任者が現場に常駐しなくてもよい。

1. 打ち合わせへの請負労働者の同席

発注者と請負事業主間の打ち合わせ等に、請負事業主の管理責任者だけでなく、管理責任者自身の判断で請負労働者が同席してもよい。

ただし、この場で作業の順序や従業員への割振り等の詳細な指示が行われたり、発注者から作業方針の変更が日常的に指示されたりしている場合は、労働者派遣事業と判断される。

2. 発注者からの依頼メールを請負事業主の管理責任者に送付する際の、請負労働者へのCCメール

発注者から請負事業主への依頼メールを、管理責任者の了解の下、請負労働者に併せて送付したことが労働者派遣事業と判断されることはない。

ただし、メールの内容が実質的に作業の順序や従業員への割振り等の詳細な指示が含まれるものであったり、作業方針の変更が日常的に指示されたり、あるいは発注者から請負労働者に直接返信を求めている場合など、請負事業主自らが業務の遂行方法に関する指示を行っていると認められない場合は、労働者派遣事業と判断される。

3. 発注者に請負労働者の個人情報を提供

請負事業主から発注者に請負労働者の個人情報を提供する際には、個人情報保護法等に基づく適正な取扱(例えば、請負労働者のメールアドレスの提供に先立ち請負労働者本人の同意を得る等)が求められる。

4. 請負事業主の就業規則・服務規律

請負事業主は自己の就業規則、服務規律等に基づき、労働者を指揮命令して業務を遂行する必要がある。

例えば、請負事業主の業務の効率化、各種法令等による施設管理や安全衛生管理の必要性等合理的な理由がある場合に、結果的に発注者と同様の就業時間・休日、服務規律、安全衛生規律等となったとしても、それのみで労働者派遣事業と判断されない。

5. 発注者による請負労働者の氏名等の事前確認

請負業務では、請負事業主が労働者の配置等の決定や変更を自ら行うことが必要であるが、その決定や変更を請負事業主自らが行っている限り、施設の保安上の理由や企業における秘密保持等、発注者の事業運営上必要な場合に、従事予定労働者の氏名をあらかじめ発注者に提出しても、そのことで発注者が請負労働者の配置等の決定及び変更に関与しているとは言えない。

なお、請負事業主から発注者へ請負労働者の氏名等の個人情報を提供する際には、個人情報保護法等に基づき、あらかじめ請負労働者本人の了解を得る必要がある。

6. 自らの専門的技術や経験に基づく業務処理

請負事業主が契約の発注者から独立して業務を処理することなどが必要であり、請負労働者が自己の有する専門的技術や経験に基づき業務を処理することは必要である。

「製造業のように、仕事を完成させて目的物を引き渡す」形態ではなく、自己負担すべき設備や材料等がない場合は、請負事業主がトラブル発生時の対応等のノウハウを蓄積し、これを基に業務対応マニュアル等を自ら作成した上で、労働者に対する教育訓練を自ら実施し、当該業務が的確に行われるよう自ら遂行状況の管理を行っているような場合は、請負事業主が自らの企画または専門的技術・経験に基づいて業務処理を行っていると判断できる。

一方、発注者から事前に文書等で詳細な指示を受けており、契約上の業務内容に請負事業主の裁量の余地がない場合は、単なる労働力の提供と認められ、労働者派遣事業と判断される可能性が高まる。

第3項　労働者派遣の運用について

労働者派遣法は、主に「労働市場のマッチングを適正に行うこと」「派遣社員の保護と雇用の安定を図ること」を目的に誕生した。

制定当初は扱える業種は13業種のみであったが、1996年に26業種へ拡大され、1999年には港湾運送、建設、警備、医療、製造などの禁止業務以外は原則自由化された。その後2004年には製造業務への派遣が解禁、2006年には医療業務の一部が解禁されるなどの改正が続いた。

その後2012年に、日雇派遣の原則禁止や離職後1年以内の派遣受け入れ禁止などを盛り込んだ法改正が行われてからは、主に派遣社員の権利保護を目的とした方向の改正がなされた。

2020年と2021年の改正は、派遣社員と派遣先正社員の待遇格差是正、雇用維持やキャリア支援など、派遣社員の労働環境を改善していくための内容が主となっている。これらの改正は、派遣会社だけではなく派遣先の義務にも触れている。

1. 派遣労働者の雇入れ時の説明の義務

派遣会社が派遣社員と雇用契約を結ぶ際、派遣会社が実施する「教育訓練」や「希望者を対象に実施するキャリアコンサルティング」の内容について説明することが義務付けられた。

改正前から派遣会社には、派遣社員のキャリア形成支援制度を提供することが義務付けられていたが、それを実際に利用してもらうために、一歩押し進めた形と言える。

2. 派遣契約書の電磁的記録を認める（派遣会社と派遣先企業への規制緩和）

派遣会社と派遣先との労働者派遣契約は、電磁的記録での作成も認められるようになった。

3. 派遣先における派遣労働者からの苦情処理

派遣先における派遣労働者からの苦情は、派遣先が誠実かつ主体的に対応しなければならなくなった。また、対応後は苦情内容や苦情を受理した日時、処理状況などを派遣会社に通知しなければならない。

4. 日雇派遣について

派遣会社は、日雇派遣社員の過失以外の理由で労働者派遣契約を途中解除した場合は、日雇派遣社員に対しても新たな就業機会を確保、または休業手当を支払わなければならなくなった。

5. 雇用安定措置に係る派遣労働者の希望の聴取等

派遣会社は、継続就業を希望する有期雇用派遣社員に以下の希望を聴取し、聴取の結果を派遣元管理台帳に記載することになった。

　　　① 派遣先企業への直接雇用の依頼

　　　② 新しい派遣先企業の用意

　　　③ 無期雇用派遣への転換

　　　④ その他、安定した雇用の継続を図るための措置

　6. 派遣会社の情報のインターネットによる開示の原則化

　派遣会社は、従来より開示が義務化されていたすべての情報を、インターネットで常時開示することになった。開示内容は以下のとおりである。

　　　① 派遣労働者の数

　　　② 派遣先数

　　　③ 労働者派遣に関する料金の平均額

　　　④ マージン率（派遣料金の平均額から派遣労働者の賃金の平均額を控除した額を、派遣料金の平均額で除して得た割合）

　　　⑤ 教育訓練に関する事項

　　　⑥ その他、当該労働者派遣事業の業務に関し、あらかじめ関係者に対して知らせることが適当であるものとして厚生労働省令で定める事項　❖

第4部 火災予防条例

第1項　火気安全管理

火災予防条例では、火気の使用等を制限している場所を「指定場所」という。劇場では、指定場所での喫煙、裸火(はだかび)の使用、危険物品の持ち込みが禁止されている。

劇場を運営または管理する者は、これらの行為をしている人がいたら、やめさせなければならない。

規制基準は都道府県によって異なるので、ここでは東京消防庁のものを解説する。

1. 禁止される場所と禁止される行為

劇場などの用途に使用される建築物は、規模の大小にかかわらず、すべて規制の対象となる。

劇場において、喫煙・裸火使用・危険物品の持込みが禁止される部分は「舞台」と「客席」で、危険物品の持込みのみが禁止される部分はロビーやホワイエなどの「公衆の出入りする部分」である。

劇場で使用禁止の火気（裸火）

① 炎や火花の出るもの（ガス・石油・固体燃料など）

② 石油ストーブ・ガスコンロ・ろうそく・煙草・線香・火薬・クラッカーなど

③ 発熱部が露出しているもの（電気器具など）電気コンロ・電気ストーブなど　（ドライヤー・ホットプレート・トースタは非該当）

劇場に持ち込み禁止の危険物

ガソリン・灯油・アルコール・ベンジン・LPガス・カートリッジボンベ・スプレー・ロウソク・可燃性接着剤・固形燃料・おもちゃの花火・クラッカー・火薬など

劇場内の場所	喫煙	裸火使用	危険物品持込み
舞　台	×	×	×
客　席	×	×	×
公衆の出入りする場所	−	−	×

図5-3《喫煙、裸火使用および危険物品持ち込み禁止区域》

2. 舞台とは

舞台とは演技する場所だけでなく、奈落、袖の他、これらに接続された大道具室、小道具室、機材倉庫も含まれる。また、楽屋、出演者の控室なども、壁で区画されていて、窓・出入口・換気口などに防火戸（常時閉鎖または煙感知器連動のものに限る）が設けられていなければ、「舞台」に含まれる。防火戸とは、一定の耐火性能を持った構造の扉やガラス戸のことである。

壁の構造は次のとおりである。

① 耐火構造の壁とは、鉄筋コンクリート、レンガなど、耐火性能のある壁

② 両面が防火構造の壁とは、壁の両面を鉄網モルタル塗、漆喰塗(しっくいぬり)など、耐火性能のある壁

③ 不燃材料で造られた壁とは、鉄鋼などの不燃性の建築材料で造られた壁

④ 準不燃材料で造られた壁とは、木毛セメント板、石膏ボードなどで、不燃材料に準じた耐火性能のある建築材料で造られた壁

＊耐火構造とは

*主要構造部（壁・柱・床・梁・屋根・階段）が、鉄筋コンクリートやレンガなど
で造られたもので、建築基準法で定められた耐火性能を有した構造。*

＊耐火性能とは

*火災が終了するまでの間、建築物の倒壊および延焼を防止できる性能のこと。耐
火性能は高い順に「耐火構造」「準耐火構造」「防火構造」という。*

「客席」は、椅子席、升席、桟敷席、立見席などで、客席内の通路も含まれる。

「公衆の出入りする部分」とは、「舞台」と「客席」以外の部分で、観客が使用するホワイエ、ロビー、廊下、通路、階段などである。

3. 禁煙・火気厳禁・危険物品持込み厳禁の標識について

　　① 標識は、以下のところの観客の見やすい位置に設けなければならない。

　　・「禁煙」→ 客席の入口、舞台の入口、舞台の側面の壁またはプロセニアムアーチ

　　・「火気厳禁」→ 舞台の入口、客席の入口

　　・「危険物品持込み厳禁」→ 劇場（入場者用）の入口

　　② 施設側は観客に対し、場内放送で「ホール内では禁煙」であることを知らせる。

　　③ 施設側は、ホール内で喫煙している人に対しては止めさせる。

4. 禁止行為の解除承認を受けられる範囲

「舞台」「客席」では、喫煙・裸火使用・危険物品の持込みは禁止されており、これを禁止行為というが、火災予防上問題がなく、演出効果などのため止むを得ないと認められた場合は、必要最小限の範囲で禁止行為解除の承認を受けることができる。

ただし、客席での喫煙は解除されない。

第2項 禁止行為の解除承認の審査基準

禁止行為の解除承認申請後、審査をうける基準は次のとおりである。ただし、承認されるのは必要最小限の範囲である。

【A】 舞台上での喫煙

1) 演出上必要なものに限る。

2) 灰皿など喫煙設備を設ける。

3) 従業員などによる監視、消火などの体制を講じる。

4) 消火器具を設ける。

「消火器具」は、次のように設置する。

　　① 消火器は種類によって性質が異なり、油脂の火災には使えないものや、電気器具の火災に使うと危険なものなどがある。持ち込む危険物品の種類や使用する場所などを考え、最も適した消火器を選び、使いやすい場所に設置する。

　　② 電子機器・衣裳などの精密機械や芸術品などは、損傷被害が少ない二酸化炭素の消火器を用いるとよい。

③ 粉末 ABC10 型で消火能力単位が３以上の消火器具を設置する。（消火能力単位は、消火器に表示されている）

④ 既に設置されている消火器具が、近辺にあっても申請行為に対して専用の消火器の設置が必要である。

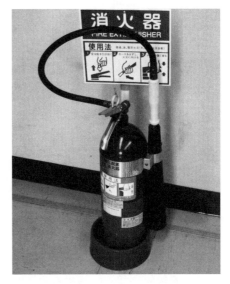

図 5-4 《粉末消火器（左）と二酸化炭素消火器（右）》

【B】 「舞台」および「客席」での裸火使用

1) 裸火は炎が露出して燃えている火のことで、演出上、必要なものに限り使用できる。

2) 周囲や上方の可燃物から安全な距離が確保できている。

3) 条例で確保しなければならない距離が決められている器具は、その距離を確保する。

4) 周囲の可燃物の転倒や落下のおそれがない。

5) 従業員（舞台演出スタッフ）などによる監視、消火などの体制がとられている。

6) 使用者が裸火使用を容易に停止できる措置がとられている。

7) 消火器具を設ける。

B.1. 解除承認される範囲

① 電気を熱源とする火気使用設備器具、その他の機器

② 気体燃料を熱源とする火気使用設備器具（カートリッジ式器具）

B.2. 液体や固体燃料を使用する設備器具で、その他の器具は次の条件を満たすもの

① 可燃物との安全な距離を確保すること。

② 危険物は、引火点が 40 度以上、かつ、消費量が 100cc 以内であること。

③ 危険物は、もれ・あふれ・飛散しないようになっていること。

④ 火炎の長さが、周囲の可燃物からの距離に応じて定められた長さ以内であること。

⑤ 燃焼の炎は安定継続するものであること。

⑥ 火の粉が発生しないこと。

B.3. 火薬類を消費する場合は、次の条件を満たすもの

① 飛散した火花が燃えつきるものであること。

② 火炎の長さは、周囲の可燃物からの距離に応じて定められた長さ以内であること。

③ 煙火（花火など）は固定して消費すること。（クラッカー、拳銃の形態は除く）

④ 飛しょうする煙火がないこと。

⑤ 火薬類取扱いに関する知識・技術を持った専従者が取り扱うこと。

⑥ 噴き出し煙火は、審査基準内で使用する。

　ただし、客席内では火花を噴き出す煙火については認められない。

B.4. その他の裸火

① 固体の衝撃摩擦または電気による火花を発生するものは、火花の飛散する範囲内に可燃物を置かない。また、その周囲 2m 以内の床面を防火材で覆う。

② 火炎の長さが、周囲の可燃物からの距離に応じて定められた長さ以内であること。

③ 瞬間的に燃焼する炎の大きさは、必要最小限とすること。

④ 瞬間的に燃焼する炎とは、硝化綿（フラッシュコットン）などを燃焼させた場合の炎のこと。

【C】 「舞台」と「客席」への危険物品持ち込み

①従業員（公演関係スタッフ）などによる監視体制が講じられていること。

②消火器具を設けること。

C.1. 解除承認される範囲は次のとおりである。

1） 危険物の規制に関する政令に定める指定数量の 1/100 未満であること

　「スモークマシンなどの演出効果に用いる機器」を屋内で使用する場合は、発煙剤が危険物の場合には比較的引火点の高い第三石油類または第四石油類に限って解除承認を受けられる。

　スモークマシンとは、演出効果を高めるため、発煙剤を加熱、加圧し空気中に放出して、人工的に煙や霧を発生させる機器で、「発煙剤」が危険物品に該当する場合に解除承認申請を行う必要がある。

　「発煙剤」は、それぞれの機器ごとに異なり、第四類の危険物に該当するものと、非危険物のものなどが各種あるので、使用する「発煙剤」が危険物品かどうか確認する必要がある。「発煙剤」が危険物品かどうかは、販売業者や製造メーカーへの問い合わせで確認できる。

2） 可燃性固体類や可燃性液体類は、条例に定める数量の 1/100 未満であること

3） 可燃性ガス容器は、許容充填ガス総質量 0.5kg 以下であること

　高圧ガス保安法が適用される容器入りの可燃性ガスは解除承認を受けられない。「高圧ガス保安法の適用を除外される液化ガスの容器」は、平成 3 年通商産業省告示第 203 号 に定められているものである。

　「高圧ガス保安法の適用を除外される液化ガスの容器」に該当し、承認を受けられる製品例「ガスライタ、ガスライタの補充用ガス容器、容器組込型車上ガスコンロ用ガス容器（キャンピングカーなどで使用するカートリッジボンベ）、エアゾール製品（殺虫剤、化粧品）」など。

4） 打ち上げ煙火を除く火薬類は、1 回で使用する原料の火薬・爆薬の量を次の個数未満とする

　ア、舞台部分にスプリンクラー設備が設置されていて、舞台部分の高さが 8m 以上の劇場の場合

　　① 0.1g 以下のものは 50 個

　　② 0.1g を超え 15g 以下のものは 10 個

③ 0.1g を超え 5g 以下のものは、②に含まれる個数を除き 10 個

イ、ア以外の場所で使用する場合

① 0.1g 以下のものは 50 個

② 0.1g を超え 15g 以下のものは 10 個

1 回の使用の数量は 1 ステージ分の数量。火薬や爆薬の量が異なる火薬類を 1 回の使用で持ち込む場合は、火薬などの量ごとに各々の個数以下でなければならない。

【D】「公衆の出入りする場所」への危険物品の持ち込み

危険物品の持ち込みが承認される条件と範囲は次のとおりである。

① 従業員（公演制作スタッフ）などによる監視体制がとられていること。

② 消火器具を設けること。

③ 危険物は規制に関する政令に定める指定数量の 20 分の 1 未満であること。

④ 可燃性固体類と可燃性液体類は、火災予防条例に定める数量の 20 分の 1 未満であること。

⑤ 可燃性ガス容器は、許容充填ガス総質量 0.5kg に相当する個数未満であること。

【E】 舞台で使用する「噴き出し煙火」の審査基準

噴き出し煙火とは、一般に「ローカロリー花火（低温花火）」または「パイロテクニクス（pyrotechnics）」と呼ばれる細かい火花を噴水のように噴き上げるものである。火薬の粒子が細かいので、噴き出した火花が短時間に燃え尽き、燃えかすが少ないのが特徴である。火薬量や火薬成分について規格化されていないので、火花の噴き出しの高さなどが煙火によって異なるため、現地確認のときに実演を要求される。

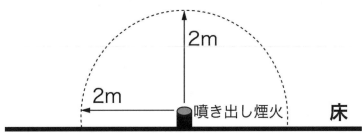

図 5-5《噴き出し煙火の飛散範囲》

ガソリン、灯油、アルコールなどの危険物を口に含み、松明の炎などに吹きつける「火ふき」は、炎の長さが吹きつける危険物の量によって異なること、また過去に何度も火災となった事例があり、行為自体に安全性、確実性が乏しいため、解除承認を受けることはできない。

① 実演により特性の確認を行う。

② 煙火は固定して消費する。

③ 飛散した火花が燃えつきるものである。

④ 火花の飛散範囲は、2 m 以内である。

⑤ 火花の飛散範囲内またはその範囲から周囲 2 m の床面を、防火材（不燃性シート、準不燃材など）で覆う。

⑥ 火花の飛散範囲内またはその範囲から上方 4 m、周囲 2 m 以内には、可燃物を置かない。

⑦ 火花の飛散範囲内に演技者などがいない。

⑧ 火花の飛散範囲から 6 m 以内に観客がいない。

⑨ 使用中の煙火は、移動しない。

⑩ 煙火使用後、排煙をする。

⑪ 消火器を増設し、必要に応じて屋内消火栓設備の使用準備をする。

⑫ 火薬類取扱いに関する知識と技術を持った専従員が取り扱う。

【F】 禁止行為の解除承認申請時の留意点

申請する際は、次のことに留意する。

① 曲芸や奇術などに使用する特殊な裸火や危険物品については、特性、性能などが確認できる資料を提出しなければならない。また、現地確認時に、実演を要求される場合がある。

② 内容によっては、床や大道具の不燃化、不燃性シート養生、散水などが必要になる。

③ 施設の管理者と主催者が異なるので申請の際には、事前に双方で十分申請内容を検討して、申請を行わなければならない。また、施設管理者、演出担当者、演技者などが各々申請内容を十分把握、理解していなければならない。

【G】 禁止行為の解除承認の流れ

申請をしてから承認されるまでの流れは、次のとおりである。

① 所轄消防署と事前協議の後に申請する。(都道府県によって審査基準が異なる)

② 申請書類は 2 部、所轄消防署に（概ね使用日の 10 日前までに）提出する。提出書類は、禁止行為解除承認申請書、申請内容明細書、平面図や機器の資料などである。

③ 消防署による基準適合に関する書類審査を受ける。

④ 消防署による現地調査がある。(省略されることもある)

⑤ 火災予防上支障がなければ、解除承認する旨の記載がされている申請書の副本が返却され、解除承認証が交付される。

⑥ 解除承認証は、使用場所の見やすいところに掲示する。

注意：解除が承認されても、出火した場合の責任は消防署ではなく、申請者であることを自覚する。また、日頃から所轄消防署とは交流を密にして、初めて解除承認申請する物件は所轄消防署に相談してから申請するとよい。

なお、煙火の製造は特殊効果業者などに依頼することになるが、どのような視覚効果を得たいかを提示して発注する。この場合、業者は禁止行為解除を承認される内容で製作するので、申請内容明細書に記載すべきデータを業者から貰うことができる。

第 3 項 喫煙所の設置

喫煙所は、次の基準に基づいて安全な場所に、安全な構造で設け、万全な管理を行わなければならない。

① だれもが利用できるように設ける。

② 喫煙所は階ごとに設ける。

③ 各喫煙所の床面積の合計は、客席の床面積の 30 分の 1 以上を確保する。

④ 通行や避難に支障のない位置に設ける。

⑤ 消防用設備などの操作の障害とならない位置に設置する。

喫煙所は、常に喫煙所の設置基準に合った安全な状態で維持管理されなければならない。

① 利用者に分かりやすいように喫煙所の案内表示を設けたり、場内放送を行うなどして「禁煙」とされている場所での禁煙の徹底と「喫煙所」の周知を図る必要がある。

② 施設の管理者や主催者は、すべての従業員に喫煙所設置の目的について十分説明をする。

③ 施設の管理者や主催者は、スタッフや出演者などに対し、喫煙管理について十分説明を行い、安全徹底を図る。

健康増進法に基づき 2020 年から、一定の基準に基づいた喫煙専用室の設置がない限り、劇場の屋内は原則禁煙となった。

第 4 項 劇場などの「客席」に関する規制

【A】 劇場などの屋内の「客席」は、次に掲げる基準に適合しなければならない。

① 椅子は、床に固定すること。

② 椅子背の間隔（いす背がない場合は、いす背に相当する椅子の部分の間隔）は 80cm 以上とし、椅子席の間隔（前席の最後部と後席の最前部との間の水平距離）は 35cm 以上とし、座席の幅は 42cm 以上とする。

③ 立席の位置は、「客席」の後方とし、その奥行きは、1.5m（立見専用のときは、2.4m）以下とする。

④ 「客席」の最前部（最下階にあるものを除く）および立席を設ける部分とその他の部分との間には、高さ 75cm 以上の手すりを設ける。

「客席」の避難通路は、次のようにする。

① 椅子席を設ける「客席」の部分には、横に並んだ椅子席の基準席数「8 席に椅子席の間隔が 35cm を超える 1cm ごとに 1 席を加えた席数（20 席を超える場合は 20 席）」以下ごとに、その両側に縦通路を設ける。ただし、基準席数に 2 分の 1 を乗じて得た席数（1 席未満の端数がある場合は、その端数を切り捨てる）以下ごとに縦通路を設ける場合には、片側のみとすることができる。

② 縦通路の幅は、0.6cm に当該通路のうち避難の際に通過すると想定される人数が最大となる地点での当該通過人数を乗じて得た幅（以下「算定幅員」という）以上とする。ただし、当該通路の幅は、80cm（片側のみが椅子席に接する縦通路の場合は 60cm）未満としない。

③ 椅子席を設ける「客席」の部分には、縦に並んだ椅子席 20 席以下ごとに、および最下階にある客席の部分の最前部に算定幅員以上の幅を有する横通路を設ける。ただし、当該通路の幅は、1m 未満としない。

④ 升席を設ける「客席」の部分には、升席 2 升以下ごとに幅 40cm 以上の縦通路または横通路のいずれかを設ける。

⑤ 大入場（仕切りのない座席）を設ける客席の部分には、「客席」の幅 3m 以下ごとに幅 35cm 以上の縦通路を設ける。

⑥ ①から⑤までの規定により設ける縦通路および横通路は、いずれも「客席」の避難口（出入口を含む）に直通させる。

【B】 屋外における「客席」は、次に掲げる基準によらなければならない。

① 椅子は、床に固定する。

② 椅子背の間隔は 75cm 以上とし、座席の幅は 42cm 以上とする。ただし、椅子背がなく、かつ、椅子座が固定している場合は、椅子背の間隔を 70cm 以上とし、座席の幅を 40cm 以上とすることができる。

③ 立席には、奥行き 3m 以下ごとに、および当該立席部と横通路の境界に、高さ 1.1m 以上の手すりを設ける。

「客席」の避難通路は、次のように設ける。

① 椅子席を設ける「客席」の部分には、横に並んだ椅子席 10 席（椅子背がなく、かつ、椅子座が固定している場合は 20 席）以下ごとに、その両側に幅 80cm 以上の縦通路を設ける。ただし、5 席（椅子背がなく、かつ、椅子座が固定している場合は 10 席）以下ごとに縦通路を設ける場合は、片側のみとすることができる。

② 椅子席を設ける客席の部分には、幅 1m 以上の通路を、各座席から歩行距離 15m 以下でその一つに達し、かつ、歩行距離 40m 以下で避難口に達するように設ける。

③ 立席を設ける「客席」の部分には、当該客席の部分の幅 6m 以下ごとに幅 1.5m 以上の縦通路を、奥行き 6m 以下ごとに幅 1m 以上の横通路を設ける。

④ 升席を設ける「客席」の部分には、幅 50cm 以上の通路を、各升がその一つに接するように設ける。

⑤ 升席を設ける「客席」の部分には、幅 1m 以上の通路を各升から歩行距離 10m 以内でその一つに達するように設ける。

⑥ 大入場（仕切りのない座席）を設ける「客席」の部分には、その部分の幅 4m 以下ごとに幅 50cm 以上の縦通路を、奥行き 4m 以下ごとに幅 50cm 以上の横通路をそれぞれ設ける。❖

第 5 部 著作権

劇場技術者の周辺には、著作権などで守られている人たちが大勢いる。その人たちの権利を尊重することは、自分たちを守ることにつながる。

プロの劇場技術者は、率先して著作権を順守すべきである。

第 1 項 著作権法とは

著作権法は、第 1 条において『この法律は、著作物ならびに実演、レコード、放送および有線放送に関し著作者の権利およびこれに隣接する権利を定め、これらの文化的所産の公正な利用に留意しつつ、著作者などの権利の保護を図り、もって文化の発展に寄与することを目的とする』と規定している。

「著作物」とは、思想または感情を創作的に表現したもので、文芸、学術、美術または音楽の範囲に属するものをいう。

「著作者」とは、著作物の創作者をいう。

著作者は、著作物について「著作者人格権」と「著作権」の二つの権利を持っている。

著作権の保護期間は、原則として著作者の生存期間およびその死後 70 年間である。

【A】 著作者人格権

著作者の人格権は、次の 3 つである。

A.1. 公表権

著作者は、自分の著作物を公表するとき、日時、場所、方法、形式を決めることができる。

A.2. 氏名表示権

著作者は、自分の著作物を公表するとき、著作者名を表示するかどうか、表示する場合は実名か変名かを決めることができる。

A.3. 同一性保持権

著作者は、自分の著作物の内容、または題名を自分の意に反して勝手に改変されない権利を持っている。

【B】 著作権

B.1. 複製権

印刷、写真、複写、録音、録画などの方法によって著作物の複製物をつくる権利。

B.2. 上演権と演奏権

著作物を公に上演したり、演奏したりする権利。

B.3. 上映権

映画などの著作物を公に上映する権利。

B.4. 公衆送信権

著作物を公衆に送信（放送、有線放送など）したり、また公衆に送信される著作物を、受信装置を使って公に伝達する権利。

B.5. 口述権

著作物を朗読などの方法により口頭で公に伝える権利。

B.6. 展示権

美術の著作物の原作品、または未発行の写真著作物の原作品を公に展示する権利。

B.7. 頒布権

映画の著作物を、その複製物により頒布する権利。

B.8. 譲渡権

映画の著作物以外の著作物を、その原作品または複製物の譲渡により公衆に提供する権利。

B.9. 貸与権

映画の著作物以外の著作物を貸与により、公衆に提供する権利。

B.10. 翻訳権、翻案権

著作物を翻訳、編曲、変形、または脚色、映画化、翻案する権利。

B.11. 二次使用権

二次的著作物については、二次的著作物の著作者だけでなく原著作者も上記の諸権利を持っている。

第 2 項 著作隣接権

著作物の創作者でない、著作物の伝達に重要な役割を果たしている実演家、レコード製作者、放送事業者、有線放送事業者に認められた権利を著作隣接権という。この 4 者は、それぞれ次のような権利を持っている。

【A】 実演家の権利

A.1. 氏名表示権

実演家名を表示するかしないかを決める権利。

A.2. 同一性保持権

その実演の同一性を保持し、実演家の名誉・声望を害するおそれのある実演の改変をさせない権利。

A.3. 録音権・録画権

自分の実演を録音・録画させる権利。

A.4. 放送権・有線放送権

自分の実演を放送・有線放送させる権利。

A.5. 商業用レコードの二次使用料を受け取る権利

商業用レコード（市販用の CD など）が放送や有線放送で使用された場合の使用料（二次使用料）を、放送事業者や有線放送事業者から受ける権利。

A.6. 譲渡権

自分の実演が収録された音楽コンテンツなどの販売を許可する権利。

A.7. 貸与権

商業用レコードが無断で公衆に貸与（レンタル）されない権利。この権利は発売後 1 年間あり、その後は貸レコード業者が貸与した場合の報酬を受ける権利がある。

A.8. 送信可能化権

実演家の有する許諾権のひとつ。実演家は、その実演を送信可能化する権利を専有する。送信可能化とは、サーバーにアップロードするなどして自動で公衆に送信できる状態にすることである。

音楽コンテンツを無許諾でホームページにアップロードし、視聴者からの要望により直ちに送信できる状態にしていれば、送信可能化権の侵害となる。

【B】　レコード製作者の権利

B.1. 複製権

レコードを複製する権利。

B.2. 商業用レコードの二次使用料を受ける権利

実演家と同じ。

B.3. 譲渡権

レコードの複製物を公衆へ譲渡（販売）する権利。

B.4. 貸与権

実演家と同じ。

B.5. 送信可能化権

実演家と同じ。

【C】　放送事業者の権利（有線放送事業者も同様）

C.1. 複製権

放送を録音・録画および写真などの方法により複製する権利。

C.2. 再放送権・有線放送権

放送を受信して再放送したり、有線放送したりする権利。

C.3. テレビジョン放送の伝達権

テレビジョン放送を受信して画像を拡大する特別装置（超大型テレビやビル壁面のディスプレイ装置など）で、公に伝達する権利。

C.4. 送信可能化権

実演家と同じ。

【D】　著作隣接権の保護期間

実演・・・実演が行われてから 70 年。

レコード・・・発売されてから 70 年。

放送または有線放送・・・放送されてから 50 年。

【E】　実演家とは

俳優、舞踊家、歌手、演奏家、アクロバット、マジシャン、指揮者、演出家など。

【F】　レコード製作者とは

レコードに固定されている音を最初に固定した者。

【G】　放送事業者とは

放送を業とする NHK、民間放送各社、放送大学学園など。

【H】　有線放送事業者

有線放送を業とするケーブルテレビ事業者、音楽有線放送事業者など。

第 3 項　音楽に関する著作物使用方法

著作物を使用するには、その著作権者の許諾が必要である。音楽を使用する場合は、その楽曲の作詞家個人、作曲家個人に許諾をとらなければならない。しかし、その手続き

には時間と労力がかかる。そこで音楽著作権を集中管理する団体を通せば、容易に手続きができる。

【A】 主な音楽著作権管理団体

A.1. 一般社団法人日本音楽著作権協会（JASRAC）

A.2. 株式会社 NexTone

【B】 音楽著作物使用方法

B.1. 舞台で演奏する場合（上演権、演奏権）

著作権管理団体などに申請し、規定の料金を支払って、許諾を受ける。

B.2. 舞台で既成のＣＤなどを再生する場合（上演権、演奏権)

演奏の場合と同様であるが、市販の CD やネット配信などの第三者製作の音源を使用する場合は、レコード製作者と実演家（演奏者）の許諾が必要である。

B.3. 舞台においてアカペラで歌を歌った場合（上演権、演奏権）

音楽そのものを演奏しないものでも、アカペラで歌ったり、歌詞を台詞として喋ったり、歌詞または楽譜を書籍に掲載したりする場合も許諾が必要なので、演奏の場合と同じ申請をする。

B.4. 既成のＣＤなどから、編集しないで他のメディア（録音・録画媒体）に記録し、それを舞台で再生する場合（複製権、上演権、演奏権）

舞台で既成のＣＤなどを再生する場合と同じ。

B.5. 既成のＣＤなどを編集して、他のメディア（録音・録画媒体）に記録し、それを舞台で再生する場合（複製権、上演権、演奏権、翻案権）

舞台で既成のＣＤなどを再生する場合と同様であって、例え使用するのが短いフレーズであっても許諾を受ける必要がある。

B.6. 舞台公演の記録物を販売する場合（複製権、頒布権、二次使用権）

舞台の公演記録物を販売する場合は、その舞台で使用した楽曲の全てに関して、その楽曲を管理している音楽出版社に二次使用権の許諾を受ける必要がある。その上で著作権管理団体に複製権、頒布権の手続きをする。

【C】 許諾申請が不要なもの

C.1. 演出効果を高めるためにオリジナル楽曲を作曲・制作して使用する場合

許諾申請の必要はない。ただし、作曲家、作詞家が管理団体の会員である場合は上演権の許諾申請が必要なこともある。

C.2. 国内で制作された著作権フリー楽曲の場合

基本的には一切の著作権申請の必要はない。ただし、使用範囲など契約条項の確認が必要である。海外で制作された著作権フリー楽曲の場合も、日本国内で使用するときは基本的に一切の著作権申請は必要ないが、海外で使用する場合に制限があることもある。これも契約条項の確認が必要で、特に映像に付ける場合には注意が必要である。

C.3. 家庭内での「私的使用のための複製」などの場合

個人的に使用するときは申請の必要はない。

C.4. 以下の３つの条件を満たしている場合

次の場合は、公に上演、演奏、上映できる。

・営利を目的としていない。（商品販売目的のイベントは営利に該当）

・聴衆や観衆（観客）から入場料を取っていない。

・出演者に出演料を支払っていない。

（注）聴衆から入場料を取る場合は、チャリティ・コンサートであっても許諾申請が必要である。また、ロビーなどに流す BGM も同様である。

C.5. 著作権の保護期間が満了した作品

自由に使用できるが、編曲作品（訳詞）を使用する場合は編曲者（訳詞者）の著作権に基づいて、手続きが必要となることもある。

第4項　肖像権

著作権とは別に肖像権（しょうぞうけん）がある。

肖像権とは、人の姿・形・その画像が持っている権利のことで、人格権と財産権の要素がある。

法律による明文の保護規定はないが、プライバシーの権利の一部として、民法上は人格（身体・自由・名誉など）に固有の非財産的利益があるとする「人格権」の一つとして認められている。

この権利を違法に侵害した場合には、不法行為（民法710条）として損害賠償の責任が生じ、あるいは公表や使用の差止めがなされることもある。

【A】　人格権

人格権とは、個人の人格的利益を保護するための権利である。そのひとつとして認められているものは、写真や録画などにおける被写体の権利で、その被写体自身または所有者の許可なしに撮影・描写・公開させない権利のことである。この権利は、すべての人に認められる。

【B】　財産権

財産権とは、財産に関する権利の総称である。そのひとつとして認められているものは、有名人の肖像の財産的価値を保護する権利である。

有名人には経済的価値があるので、この人たちの写真などを勝手に販売したり、インターネットで配布したり、掲載したりできない。

第5項　罰則

著作権、人格権、隣接権、出版権の侵害は、10年以下の懲役もしくは1千万円以下の罰金またはその併科、法人は3億円以下の罰金。❖

第6部 指定管理者制度 （自治調査会 ニュース・レター vol.019 齋藤 彬子氏の記事引用）

この制度は、公立施設の管理・運営を民間企業などの法人や団体に包括的に委託することができる制度である。

各地方公共団体が定める条例に従って「企画・提案を審査するプロポーザル方式」や「入札」によって指定管理者の候補を選定し、施設を所有する地方公共団体の議会の決議を経て決定する。

管理者は民間の手法を用いて、弾力性や柔軟性のある施設の運営を行うことが可能となり、その施設の利用に際して料金を徴収している場合は、得られた収入を地方公共団体との協定の範囲内で管理者の収入とすることができる。

一般的には以下の意義がある。

- ・利用時間の延長など施設運営面でのサービス向上による利用者の利便性の向上
- ・管理運営経費の削減による、施設を所有する地方公共団体の負担の軽減

【A】 運用上の留意点

指定管理者制度は施設の管理運営全般を管理者に委ねるとき、地域住民の税金で設置された施設が一管理者によって私物化されるのを防ぐため、次のような項目を協定書または仕様書に書き込む必要がある。

- ・定期的に収支または運営の報告を行うことを徹底させる
- ・利用者であり本来の所有者である地域住民のチェック制度を設ける
- ・管理者自身がサービス向上と改善のための情報収集を実施する
- ・管理を指定した地方公共団体および第三者機関による監査を実施する

【B】 適用

現在、地方公共団体の所有する施設のうち、体育・教育・文化・福祉などの施設を中心に制度の導入が図られている。指定管理者の指定は地域の公益法人やNPOなどが多いが、民間のビルメンテナンス会社などの指定もある。

ただし、施設の運営に関して設置者が地方公共団体であることなどを求める法律（「個別法」という）がある施設や特定の者のみがサービスを享受する学校給食センターなどはこの制度から除外されたり、複数ある同種施設の業務の一部のみを「管理者が行う業務」として委任することがある。

B.1. メリット

指定管理者として民間事業者を選んだ場合のメリットは、民間事業者として蓄積した企画力やアイデアを生かすことで、多様化する住民のニーズに応えやすくなり、従来の自治体にはないサービスを提供することができる。魅力的な自主事業や地域向けイベントの充実は、利用者満足度の向上にもつながる。また、指定管理者の選定手続きを公募とすることで、民間事業者間の競争原理に基づき自治体の経費縮減の可能性がある。

B.2. デメリット

デメリットは、 施設を所有する自治体と管理運営を行う民間の指定管理者が別主体であるために生じる問題がある。自治体は、運営の意識を持ちにくくなる危険性があり、その施設で直接、地域住民と接するのは指定管理者であるため、住民の要望が自治体に伝わりにくくなり、速やかに対応できなくなる。また、経費縮減が優先になって運営の質の低下が生じたり、指定期間ごとに指定管理者が代わることで、良好な運営の持続性が失われる。指定期間の終了を迎えても新たな指定管理者の応募がなく、新たな提案が出なくなる問題もあり、直営に戻すなどの動きもある。❖

第 7 部 各種講習と資格等

【A】　防火管理者

《国家資格 / 各消防本部、日本防火・防災協会など》

防火管理者とは、多数の者が利用する建物などの「火災などによる被害」を防止するため、防火管理に関する消防計画を作成し、防火管理業務を計画的に行う責任者である。防火対象物となる施設の管理者は、防火管理者を選任するが、防火管理者に選任されるための要件は「管理的、監督的地位」にあることと「防火管理講習修了者」であることである。

この講習修了資格は、「甲種」と「乙種」に区分されている。甲種防火管理講習修了者は、すべての施設で防火管理者に選任可能であるが、乙種防火管理講習修了者は比較的小規模な施設に限られる。

防火管理講習は「都道府県知事」「消防本部および消防署を置く市町村の消防長」「総務大臣登録講習機関（一般財団法人日本防火・防災協会）」が行い、講習修了資格は全国共通である。

【B】　建築物環境衛生管理技術者（管轄：厚生労働省医薬・生活衛生局生活衛生課）

《国家資格 / 日本建築衛生管理教育センター》

規模や用途などの要件を満たした特定建築物の所有者、占有者その他の者で当該特定建築物の維持管理について責任を有する者は、「建築物における衛生的環境の確保に関する法律」（以下建築物衛生法）に規定される「建築物環境衛生管理基準」に従って、該当する建築物の維持管理をしなければならない。

この基準は、「空気環境の調整、給水・排水の管理、清掃、ねずみ・昆虫などの防除、その他環境衛生上良好な状態を維持するのに必要な措置」についての規定で、快適な環境の実現を目的とした基準である。

この基準に適合していないという理由だけで、直ちに行政措置や罰則の対象となるわけではないが、「違反があった場合」「人の健康を害するような事態が生じた場合」は、都道府県知事は改善命令などを出すことができる。事態が緊急性を要する場合は、都道府県知事は事態が改善されるまでの間、関係設備などの使用停止や使用制限ができる。

特定建築物以外の建築物であっても、多数の者が使用、利用するものについては、建築物環境衛生管理基準に従って維持管理をするように努めなければならない。

特定建築物の所有者などは、上記のように「管理基準」に従って維持管理するために「建築物環境衛生管理技術者（通称：ビル管理技術者＝ビル管理者）」を選任して、その監督をさせなければならない。

建築物衛生法に基づき管理する技術者は講習会を受講し、修了すると「修了証書」が交付され、申請すれば厚生労働大臣から「建築物環境衛生管理技術者免状」が交付される。また、国家試験を受ける方法もある。

【C】　第三級陸上特殊無線技士（管轄：総務省）

《国家資格 / 日本無線協会》

携帯電話抑止装置を設置・運用するには、第三級陸上特殊無線技士の資格が必要である。講習を受けて、修了後の比較的簡単な筆記試験で取得できる。

【D】　第一種電気工事士（管轄：経済産業省）

《国家資格 / 電気技術者試験センター》

電力 500kW 未満の施設の電気設備工事に従事できる資格で、劇場に乗り込み時の持込

機器用分電盤などの端子に電線を接続する場合には、この資格が必要である。

【E】　第二種電気工事士（管轄：経済産業省）

《国家資格 / 電気技術者試験センター》

一般住宅や店舗などの 600V 以下で受電する設備工事のための資格で、ホールや劇場などの電気設備の施工はできない。

【F】　低圧電気取扱業務特別教育（管轄：厚生労働省）

《講習：中央労働災害防止協会、安全衛生マネジメント協会など》

低圧電気取扱業務特別教育は、低圧電力（直流 750V 以下、交流 600V 以下）における電気災害・労働災害を防ぐための講習であって、資格の取得ではなく、「修了証」が発行される。

また、労働安全衛生法によると、事業者は労働者の感電事故などを防ぐために、労働者へ向けて安全衛生教育を行うことを義務付けている。

これは資格取得ではないが、電気工事士の資格を取得していて低圧電力を取り扱っている人も対象となっている。

【G】　フルハーネス型墜落制止用器具特別教育（管轄：厚生労働省）

《講習：労働技能講習協会、中小建設業特別教育協会、建設業労働災害防止協会など》

本講座は、労働安全衛生規則第 36 条第 41 号に基づく「フルハーネス型墜落制止用器具特別教育」で、この墜落制止用器具を使用する者は全員受講しなければならない。

講習方法は「会場で講習」、「出張講習会」、「自社の講師による講習」、「Web による講習」がある。

学科はオンラインや動画による講義でもよいが、実技は各事業所が「実技実施責任者（経験者）」を立て、実技実施責任者と受講者が同一場所で対面により実施する。また、個人事業主の場合は、取引先などの経験者を実技実施責任者としてもよい。

【H】　足場の組立等特別教育（管轄：厚生労働省）

《講習：都道府県労働局安全課、建設業労働災害防止協会など》

労働安全衛生法により、足場を安全に使用し、労働災害を未然に防ぐために、「特別教育」の受講が義務化された。足場の組立てや解体、または変更の作業に関わる業務（地上または堅固な床上における補助作業の業務は除く）の従事者は特別教育を修了していなければ業務に就くことができない。

対象業務は、「足場の組立て・解体・変更」のいずれかの作業を行う場合の、すべての業種が対象となる。ただし「足場上で作業するのみ」「通路として使用するのみ」「移動させるのみ」の場合は含まれない。しかし、搬入のために一時的に手すりを外すなど、既存の足場の構造を変えることは「変更」になる。

なお、特別教育には高さの規定がないので、すべての高さが対象となる。

イベントなどで使用するイントレと呼ばれるものは、建築用の足場を使用しているので、この組立てや解体などの業務を行うためには特別教育を受講しなければならない。劇場などでは、このような業務は少ないので、その都度、資格を有する業者に依頼することを奨めたい。❖

賢い人とは、多くのことを知る人ではなく、大事なことを知る人なのである。

第6章

舞台進行の仕事

　舞台進行は、舞台上の全般の業務を担当するスタッフで、舞台装置等の搬入から搬出までの業務を管理する。小規模な公演や催事などでは美術進行や舞台監督を兼ねることもある。

　美術進行の業務は、開演前や場面転換のときに、袖幕や一文字幕、吊りバトンなどの舞台装置や大道具を設置することが主である。

　大道具係には、舞台装置を製作する係と、舞台の進行に合わせて設置、撤去をする係がある。

　場面ごとに、インターカムやトランシーバで舞台機構オペレータに指示をし、大道具係を監督するなどして、舞台装置全体を美術デザインに基づいて飾る（組み立てる＝建て込み：たてこみ）。これを美術進行という。

　舞台機構オペレータは、電動の迫り・回転舞台・吊りバトン・緞帳など舞台床や舞台上部などに設置してある設備を舞台の進行に合わせて操作する。舞台機構の操作は、出演者などの人身事故にもつながるので、慎重に、そしてタイミング良く、的確にしなければならない。

第1項　台組

　日本の伝統的な舞台道具には、いくつかの標準寸法のものがあり、これを積み木のように組み合わせて、さまざまな大きさや高さの台を組み立てられ便利である。

　この手法を台組（だいぐみ）という。国内の多くの劇場には定式物（じょうしきもの）（規定の物）として常備されている。日本の大道具の寸法の単位は分（ぶ）、寸（すん）、尺（しゃく）、間（けん）を使用している。

1分	0.1 寸	0.01 尺	0.303cm
10分	**1寸**	0.1 尺	3.03cm
100分	10 寸	**1尺**	30.3cm
600分	60 寸	**1間（6尺）**	181.8cm

　山台は、平台（ひらだい）と箱足（はこあし）（箱馬：はこうま）、または平台と開足（ひらきあし）（開脚：ひらきあし）を組み合せて組み立てる。

　山台とは、邦楽の演奏者が並んで座る台のことで、黒い板または赤色（緋）や青色（紺）などの布（毛氈：もうせん）で、周りをおおって（包んで）使用する。

　また、洋楽のコンサートなどで演奏者が並ぶ台などとしても活用される。

【A】　箱足

　山台の足の役目をするもので、「6寸×1尺×1尺」のものと「6寸×1尺×1尺7寸」がある。箱足は置き方で高さが変わり、平台の高さ（4寸）を加えた高さが山台の高さになる。

　舞台装置の階段の段差は7寸が常式（じょうしき）で、日本人にとって歩きやすい段差であることから建築の標準になっている。3寸角足（かくあし）は平台を用いて「7寸高」の台を作るものである。

図6-1《3寸角足（左）と6寸×1尺×1尺の箱足（右）》

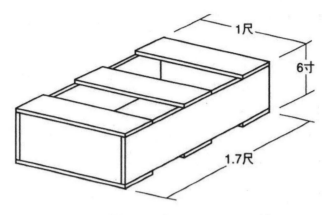

図6-2《箱足、6寸×1尺×1尺7寸》

【B】　開足

折りたたみ式の台で、足を開いて使用する。1尺7寸のものと、2尺4寸のものがある。

図6-3《開足の2尺4寸と1尺7寸（左）、開足で組み立てた山台（右）》

【C】　平台

箱足の上に乗せて台を作る道具で、高さは4寸が標準である。

図6-4《平台と平台の運び方》

次の寸法が平台の標準で、寸法の略称で呼んでいる。

① 3尺×6尺　サブロク

② 3尺×9尺　サンキュウ

③ 3尺×3尺　サンサン

④ 4尺×6尺　シブロクまたはヨンロク

⑤ 4尺×9尺　ヨンキュウ

⑥ 4尺×4尺　ヨンヨン

⑦ 6尺×6尺　ロクロク

⑧ 3尺×3尺の三角形　サンサンあぶらげ

⑨ 3尺×6尺の三角形　サブロクあぶらげ

【D】 高さの異なる台の作り方と呼び方

山台は演奏ジャンルの違い、演出家または演奏者の好みによって高さが異なり、通常はD.1.〜D.5.のものを使用する。

歌舞伎などでは、これらの高さの台を用いて家屋の床にした大道具を「屋体」と呼んでいる。このように舞台の床よりも高い床の屋体を作るときは、一定の高さの台を作ってその上に組み立てるので「二重舞台」という。

屋体は7寸違いになっているので、1尺4寸高の屋体には7寸の高さの踏み台が必要になる。そのために白い7寸高の「白緑」と呼ばれる台がある。2尺1寸高の屋体には階段が2段の「二段」、2尺8寸高の屋体には階段が3段の「三段」が常備されている。また、舞台美術家は屋体の雰囲気に合った踏み台（階段）をデザインすることもある。

大広間や座敷の場面は、舞台床に直に舞台を作る「平舞台」にする。

D.1. 尺高

1尺の高さのものを尺高という。箱足の高さを6寸にして、その上に平台を載せれば6寸＋4寸＝10寸＝1尺になる。これに毛氈を掛けて邦楽の演奏者が乗る山台として用いられる。毛氈とは、山台を包む厚手の布で、緋（赤）、紺、緑、グレーなどがある。

図6-5《毛氈で包んだ山台》

D.2. 常足

1尺4寸の高さのものを常足という。箱足の高さを1尺にして、その上に平台を載せて1尺4寸にする。商家、民家、下級武士の家のときに使用する高さである。

D.3. 中足

2尺1寸の高さのものを中足という。1尺7寸高の開足に平台を載せて、2尺1寸にする。また、1尺7寸にできる箱足があればそれを使用することもある。常足と高足の中間の位の人が住む家に用いる。

D.4. 高足

2尺4寸高の開足を使用して、その上に平台を載せて2尺8寸の台を作る。この高さを高足という。立派な寺院や御殿の屋体製作に用いる。

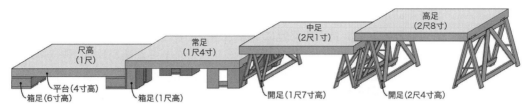

図 6 -6《台組のいろいろ　図版提供：滝 善光》

D.5. 平台ベタ

座敷を想定した舞台での演奏は、4 寸高の台を使用することがある。その場合は、平台に毛氈を掛けて使用する。

D.6. 7 寸高

合唱やオーケストラなど洋物の場合、3 寸高の 3 寸角足を用いて 7 寸高の台を作り、7 寸違いの常足と中足、高足を組み合わせて「約 21cm 段差のひな壇」にすることがある。ジャズバンドなどは尺高と中足を組み合わて約 33cm の段差にしている。

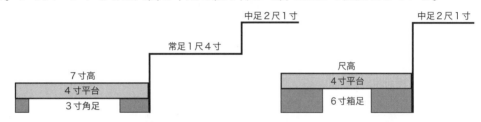

図 6-7《7 寸段差のひな壇（左）、尺高と中足によるひな壇（右）》

【E】　組み立て方

箱足を同じ高さにして平台の角となるところ 4 箇所に置いて、その上に平台を載せる。

箱足は図 6–8 のように方向を違えて置くと、倒れにくくなる。尺高はその必要はないが、常足や中足では効き目がある。

9 尺の平台を使用して多くの人物が乗る場合などは、耐力を増強するために、中間にも箱足や開足を入れて支持する。

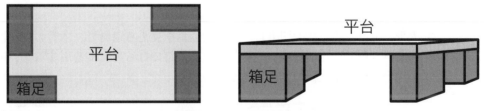

図 6–8《箱足の配置（左）と山台の組み方》

 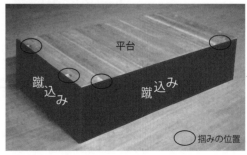

図 6–9《組み立てた山台（左）、蹴込みを付けた山台（右）のイメージ図》

邦楽で使用する山台は毛氈で包んで使用するが、その他で使用するときは図6-9のように、観客席から見える部分に「蹴込み」という装飾パネルを付けて使用する。正面だけでなく側面にも付けることがある。ドラム台やひな壇を作ることが多い劇場では蹴込みを備品として各種用意しておくべきで、通常、蹴込みは合掛け用の「掴み」で固定できるように製作している。

【F】 合掛け（相掛け）

平台を2枚繋いで使用するときは、繋げる部分の箱足を共用して組み立てる。

1つの箱足を2枚の平台で利用するので合掛け（相掛け）という。

2枚の平台は図6-10の■部分の2ヶ所を、それぞれコの字型の「掴み」という金具で固定すると、平台は1枚の台として機能する。

箱足は2個以上重ねて使用すると、不安定になり倒壊することもあるので避けるべきである。

どうしても重ねて使用する必要があるときは、木材でしっかり繋ぎ合わせて固定する。粘着テープによる固定は止めるべきである。

山台の上で激しく動く演技をするときは、平台と箱足も木材で固定する。

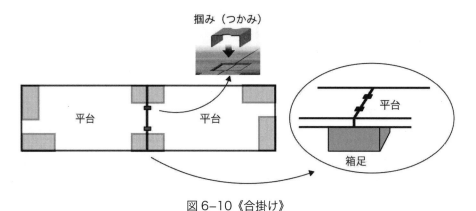

図6-10《合掛け》

第2項 人形立てと支木の使い方

人形立ては、張り物や切出しなどの大道具を支える道具で、木製の支持器具である。略して「人形」と呼ばれる。大道具と床には釘で打ち付けて使用するが、床に釘を打てない場合は砂袋や鉄製の重りで固定する。

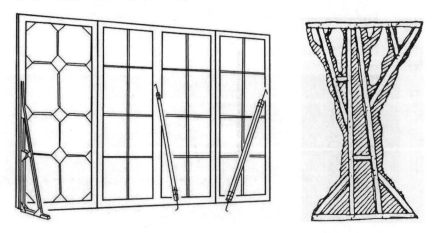

図6-11《左図は張り物を支える人形立て（左端）と支木、右図は樹木の切出しの裏側》

支木も同様の道具であるが、6尺ほどの棒の両端に釘鎹（先端が釘状になっていて、つなぎ止めるもの）をつけ、一方を大道具に、もう片方を床に固定する器具である。床側がスクリュー状になったものもある。鉄棒の先を釘状にした金支木もある。10センチ程度の金支木は「かすがい」「ガチ」「ガイ」と呼んでいる。

張物とは木枠に布やベニヤ板を張って絵を書いた背景など、切出しは樹木や建物などの形に切り抜いたベニヤ板や厚紙に彩色し、材木などで補強した大道具である

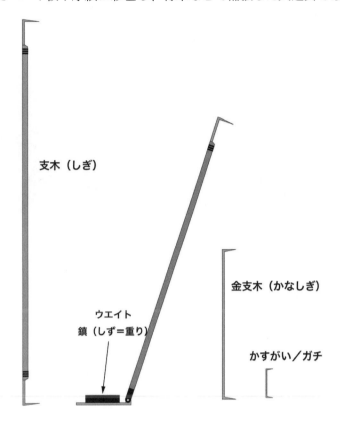

図6–12《支木のいろいろ　図版提供：滝 善光》

第3項 鉄管結び・舫い結び

吊りバトンなどに綿ロープや麻ロープ（マニラロープ）を結わえるとき、解けにくい「鉄管結び」という手法を用いる。

「舫い結び（bowline, bowline knot）」は、船と船または船と岸をロープで繋ぐ際に使われる手法で、ロープの端の輪の大きさが変化しない（締まらない）ので外しやすい。

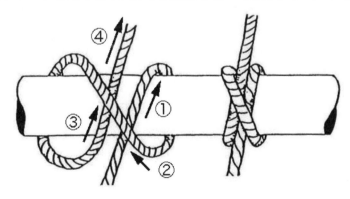

図6–13《鉄管結び -1》

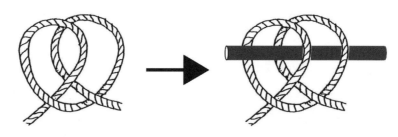

図 6–14《鉄管結び -2》

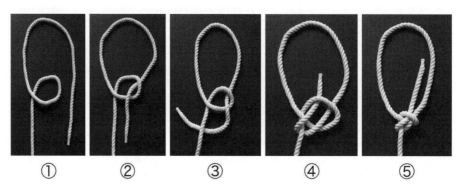

① ② ③ ④ ⑤

図 6–15《舫い結び》

第4項 ロープについて

綿ロープや麻ロープなどの繊維ロープは、ワイヤーロープに比べて強度が低い。

ラッシングベルトやスリングベルトは繊維でも強度が高いが、仕様書で強度を確認して使用する。ナイロン製は熱に弱いので、照明器具に近づけて使用する場合には適さない。ロープは、結び合わせると 25%〜50% 程度、強度が低下する。

【A】 ラッシングベルトとスリングベルト

代表的なベルト製品には、荷締めに使用されるラッシングベルト、荷物の運搬、吊り上げ時に使用されるスリングベルトがある。

その製品には、さまざまなものがあり材質や織り方によって性能が変わる。

図 6–16《ラッシングベルト（左）とスリングベルト（右）》

【B】 ワイヤーロープと繊維ロープの強度差の例

ロープは結わえると強度が低下する。また、吊ったものを降下させて途中で停止した時には、より大きな荷重が加わるので、そのことも考えてロープを選定する。

安全荷重は破断荷重の 16%〜7% 程度になる。

この表は目安なので、製品ごとに確認して、その許容範囲内で使用すると安全である。

直径 mm	ワイヤーロープ		マニラロープ（麻）		綿ロープ	
	破断荷重 kg	安全荷重 kg	破断荷重 kg	安全荷重 kg	破断荷重 kg	安全荷重 kg
6 (2分)	1810	300	270	20	200	15
9 (3分)	4070	670	570	42	430	30
12 (4分)	7240	1200	980	74	740	51

図6-17《ロープの破断荷重と安全荷重》

【C】　ワイヤーの点検

ワイヤーは、次のような状態のときは使用しないで廃棄する。

① 束ねてある線の、10%程度が切断しているもの

② 伸びて、直径が細くなっているもの

③ キンク（もつれ、折れ曲がり）しているもの

④ 形が崩れているもの

⑤ 末端の処理に異常があるもの

【D】　バトンに吊り込む場合の注意

バトンには荷重限度が定められているので、限度を超えて吊らないようにする。

また、荷重限度を超えなくとも、一点に集中して吊るとバトンがたわみ、吊り物を取り外しても元に戻らず、そり曲がったままになることもある。バトンの昇降ワイヤー間の中央に吊った場合が、最もたわみが大きい。

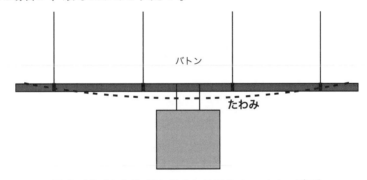

図6-18《たわみが大きくなる吊り方　イメージ図》

たわみの問題は図6-19のダブルバトンを使用することで解消できる。トラスバトンも同様である。

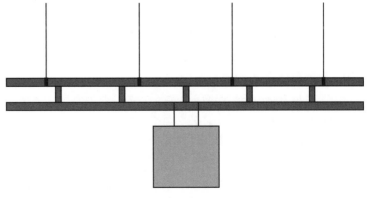

図6-19《ダブルバトン》

【E】 美術バトンの吊り点にかかる荷重分散

図6-20のように、2本のワイヤーロープで物体を吊ると、それぞれのワイヤーに掛かる張力Rは分散されて、物体重量Wの 1/2 になる。

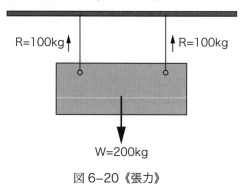

R=100kg↑　　　↑R=100kg

W=200kg

図6-20《張力》

図6-21はピーター・アルブレヒト社（Peter Albrecht Co.）の計算によって算出された荷重分散の値である。　このように、吊るワイヤーの本数を増やすと、それぞれのワイヤーに荷重は分散される。

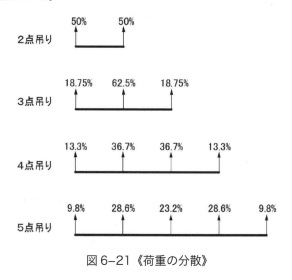

2点吊り　50%　50%

3点吊り　18.75%　62.5%　18.75%

4点吊り　13.3%　36.7%　36.7%　13.3%

5点吊り　9.8%　28.6%　23.2%　28.6%　9.8%

図6-21《荷重の分散》

第5項 吊りバトン昇降装置

大道具や照明機器を吊るすためのバトン昇降装置は、電動式と手動式（手引き）がある。

昇降装置の基本は図6-22のように、バトンに吊る大道具や灯体（スポットライトなど）とカウンタウエイト（counterweight）の重量を等しくしてあるため、バランスがとれており、僅かな力で上げ下げできる。そのため、バトンに吊ってある灯体などを大量に撤去すると、バトン側が軽くなってバランスが崩れ、バトンが跳ね上がって（飛んで）危険なので注意が必要である。

バトンに吊る物の重量が増えたら、その分だけカウンタウエイトを増やし、逆に吊り物の重量が減ったら、カウンタウエイトも減らしてバランスをとる。電動式の場合の危険性は低いが、手動式の場合は昇降ロープをロックして（殺して）吊り込み作業をしないと危険である。

バトンを昇降する綱が集合している場所を綱元、または綱場ともいう。手引きの場合、非常に危険なので、十分に経験を積んでから操作を担当する。

綱元は２階ギャラリーに設けることもある。

バトンの昇降は、他のスタッフにも危険を及ぼすので、見張り役に監視させ、周囲を確認して、大声で「バトン降ります」などと作業開始を周囲に予告してから実施する。また、危険を感じたら、見張り役が「ストップ」と大声で叫び、操作を停止させる。

操作員への昇降指示を複数人で行うと混乱を来すので、必ず決められた指示担当者が行う。ただし、危険を察知した者は担当者に通報する。

電動式・手動式共、荷重が大きいものを吊る劇場などではカウンタウエイト方式を用いることが多かったが、近年は巻き上げるモーターの性能（パワー）が向上し、カウンタウエイトを用いないで、荷重制限を1000kgまで可能にしたことから「電動巻き上げ式」に改修する傾向にある。

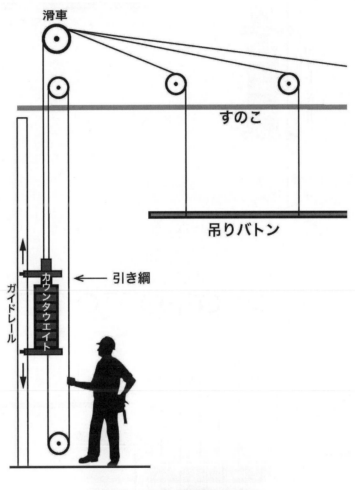

図6-22《手動のカウンタウエイト方式（上）とカウンタウエイトの写真（下）》

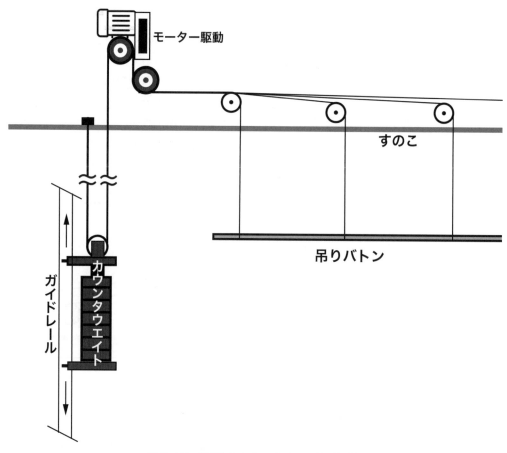

図 6–23《電動のカウンタウエイト方式》

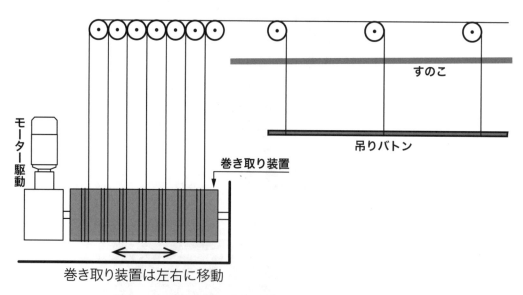

図 6–24《電動の巻き上げ方式》

現在でも手動バトンを使用することがあり、またバトンへの吊り込みの基本として、その手順を理解しておくのが望ましい。

吊り込む機器や装置の総重量は、バトンに決められている許容積載量を超えてはならない。

危険が伴うので、吊り込み作業をするときは吊り込み作業員以外は舞台上から離れるように促す。

また、バトンの上げ下ろし時は大声で周囲に知らせる。

引き綱は、近年ナイロン系の混合割合が多くなっているので軍手ではなく「革手袋」の使用をお勧めする。素手の操作は手を痛めるので、また長髪の場合は巻き込まれることがあるので要注意である。

1. 吊る物が軽量の場合

おおよそのウエイトを先に積んでから、バトンを下ろして吊り込みバランスをみる。

2. 吊る物が重量の場合

① まずウエイトを積まずにバトンを下げ、引っ張り降ろすためのロープを取り付けてからバトンを飛ばす。

② その後、荷重の1/2程度のウエイトを積み込んでから、複数人で綱元側と舞台側に分かれて、舞台側スタッフは取り付けたロープを用いてバトンを引っ張り下ろす。

③ 確実にロープロックをしてから吊り込みを行う。

④ 吊り上げた後、ウエイトを積み足してバランスを取る。

ただし、パネルや幕類など飛ばし切れるもので、ウエイト枠を下まで降ろすことができる物に限る。

3. スポットライトなど飛ばし切ることが困難な場合（ウエイト枠を下まで下ろせない場合）

① 後からのウエイト調整が難しいため、その吊る物の重量を正確に量る。（ケーブルなどの重量も含む）

② アンバランスな場合は、綱元の上部（ギャラリーなど）でウエイトの積み降ろしをすることもある。

使用方法によっては「ウエイト＝積載物重量」としないこともある。例えば、高速でダウンしたいときはウエイトを少し軽く、高速でアップしたいときはウエイトを重く、この場合も綱元のロープロックは厳重に管理する必要がある。このようにカウンタウエイト方式は面倒な作業が伴うことになる。しかし吊り替えのない幕類などは、ウエイト変更の作業もなく、音楽に合わせて微妙な速度で下ろすことができるので手引きも使われている。

第6項 迫りの使用例

迫りや回転舞台は歌舞伎だけでなく、他の商業演劇でも使用されている。

迫りは、舞台床を迫り上げたり、迫り下げたりする装置である。

舞台の中央には大きな迫り（大迫り）があり、ここに建物などの大道具を奈落で乗せて舞台に上げたり、舞台から奈落に下げたりして場面転換をする。

客席に近い位置にある小さな迫り（小迫り）は、芝居が始まってから、俳優が小迫りに乗って登場したり、反対に退場したりするのに使われる。俳優を乗せるときは、できるだけ中央に乗せるようにして、衣装などが巻き込まれないように注意する。

また、歌舞伎舞台の花道にあるスッポンは狭い迫りなので、特に注意が必要である。

迫りは elevating stage または stage lift と呼ばれ、オペラ劇場にも回転舞台と共に迫り装置が設置されている。

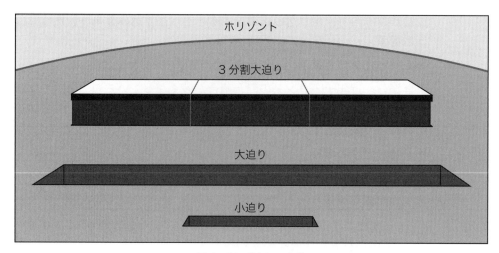

図 6-25 《迫りの例》

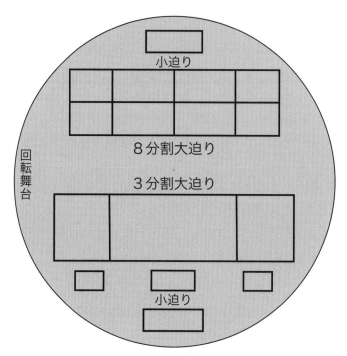

図 6-26 《歌舞伎劇場の迫りと回転舞台（1966 年開場の国立劇場)》

ウィーンの国立オペラ座は大きな迫りがあり、舞台装置を積み込んだトレーラを格納倉庫から劇場の地下までトラクタで運んできて、そのトレーラを迫りで舞台上に迫り上げて仕込み作業を行い、終演後に積み込んで格納倉庫まで運ぶという。

このように迫りは上演中だけでなく、仕込みや終演後の撤収にも使用する。終演後は最も危険なときである。いずれにせよ、仕込み・撤収時はヘルメットを着用して人身事故防止に備える。

第 7 項 回転舞台（廻り舞台）の使用例

舞台用語で舞台装置を組み立てることを「建て込み」または「飾る」という。舞台全体を使用して 1 場面の舞台装置を飾ることを「1 杯飾り」という。

「見切り」は、袖幕と同様の目隠しで、木枠にベニヤ板や布を張って絵を書いた「張り物」という大道具で、背景の一部となる。

「囲い」は、歌舞伎の「黒御簾」と呼ばれる囃子の演奏場所（下手）と「床」と呼ばれる義太夫節の演奏場所（上手）を囲う張り物である。

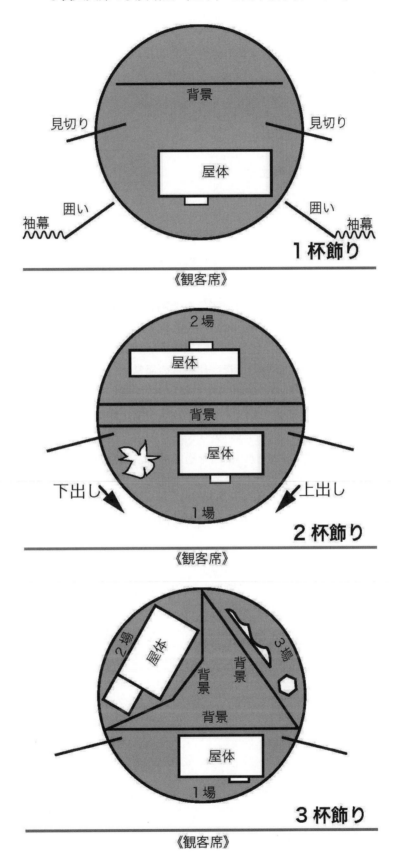

図 6-27 《回転舞台の 1 杯飾り（上）、2 杯飾り（中）、3 杯飾り（下）》

回転舞台は舞台転換に利用されるが、図6-27のように飾る方法もある。この場合、次の場面への転換を観客に見せることもできる。回転舞台を2等分して、前と後ろに舞台装置を設置するのを「2杯飾り」、3等分して3つの場面を飾るのを「3杯飾り」という。

同じ場面を行ったり来たりすることを「行って来い（いってこい）」というが、このときは2杯飾りまたは3杯飾りにする。

回転舞台は、反時計回りを「下出し（本回し）」、時計回りを「上出し（逆回し）」という。

第8項 舞台機構操作の仕事

舞台機構操作盤は、電動の舞台機構を操作するスイッチが集合したものである。操作の間違いが人身事故を起こすことにもなるので、操作は決められた担当者以外が行ってはならない。

外来スタッフには、絶対に操作盤の操作をさせてはならない。必ず、施設の担当者が行う。

また、操作員の他に、動く部分を監視して危険を通報する役目の担当者を配置して、監視員の合図で操作する。合図はインカムやトランシーバなどで行うが、音声が途切れず、言葉が聞き取りやすい連絡装置を用いる。

操作員は、常に耳を澄まし、作動音の異常、危険を知らせる声を聞き取れるようにする。操作盤の周辺での会話は、操作員の邪魔になるので制止させる。

操作は停止スイッチを即座に押せる態勢で、起動スイッチを押すように心がける。そして、操作スイッチの間違いをなくすために、早めにスタンバイをする。

監視員は操作盤に起動の合図を送る前に、緞帳の鉄管部分にマイクケーブルなどが掛かっていないか、下ろすバトンの下に障害物がないかなど安全を確認し、起動中は監視し続ける。

操作のタイミングなどは、出演者も理解していなければ危険なので、綿密な打ち合わせをする必要がある。

特に、迫りや回転舞台を使用するときは、出演者も参加させて本番同様のリハーサルを何度も行い、危険な点を解消してから本番に臨むようにする。❖

<u>舞台はとても危険なところではあるが、それを演者が安心して演じたり、観客が安全に鑑賞できるようにするのが、プロの劇場技術者たちである。</u>

第7章

舞台照明の仕事

　舞台照明は、舞台に登場した演者を明るく照らし、演者の姿を強調して注目させたりする。

　また、照明で季節・時間・場所などのイメージを作れる。

　舞台装置や衣裳は本物ではなく似せて作ったものなので、それを本物らしく見せるため、照明の力が必要になる。照明は、絵の具で描いた大道具や簡素に作った衣裳を本物のように見せる力を持っている。

　さらに、さまざまなイメージを作りだすことも可能で、登場人物の心情を表現することもできる。

　このように舞台照明は、演出意図、登場人物の心中やその変化を表現することができ、演出上とても重要な役割を担っている。

第1項　舞台照明の変遷

　舞台芸能の照明の光源は、次のように変遷した。

　初めは屋外で上演されていて、日光や月光など自然光の下で演じられていた。屋内で上演されるようになってからは、窓を開けて明るくし、閉めて暗くするなどの工夫を施した。

　夜間に屋外で行われるようになると、松明（たいまつ）や篝火（かがりび）を用いた。

　屋内で行うには、松明は使用できないので、ロウソクを用いた。ロウソクは光量が少ないので、数多く使用するためにシャンデリアが生まれた。海外でもオペラなどではロウソクが使用されていた。

　次第に光量が求められ、ロウソクより数倍明るいガス灯が用いられたが、一酸化炭素で劇場は酸欠状態になってしまう。そこで、ライムライトに移って行った。

　さらに電気が使えるようになると電球を使用するようになるが、初期は電球の光量が弱かったので、2本の炭素棒に電圧を掛け、放電させて強い光を出すアークライトが使用された。

　電球が発達して光量が強くなると、電球を使用するようになり、舞台の照明は一段と高度な技法が生まれた。

　照明の点滅ではなく、光量をコントロールできるようになり、光源の前に燃えにくい色付きのゼラチンフィルムを付けて光に色を付けるようになった。

　さらに堅牢で光量の強いハロゲン電球が開発され、現在はLED照明に変化してきている。このように、さまざまな照明器具が開発され舞台照明は発展している。

第2項　照明のスタッフ

　舞台照明部門には、多くのオペレータが存在する。チーフオペレータ・調光オペレータ・フォロースポットオペレータ・ステージオペレータがおり、仕込みと撤収および搬出入は全員で行う。ただ、チーフはできるだけ作業に手を出さずに、全体を見渡しながら安全作業のために監視をすべきである。

1. チーフオペレータ

照明デザインに沿って、仕込み図を作成したり、作業手順やタイムテーブルなどを決定したりして、照明スタッフを統括する。

2. 調光オペレータ

照明デザインに基づいて、調光操作卓を操作してデザインのイメージを具現化する仕事をする。照明デザイナのデザインに沿って調光操作卓を設定してリハーサルに備える。リハーサルでは、デザイナやチーフオペレータの指示に従って調光し、完成した場面の内容をコンピュータに記憶させ、本番に備える。

3. フォロースポットオペレータ

演者の動きを追いかけて、スポットライトを操作する仕事である。客席後方の上部のセンタースポット室やフロントサイドから照射するが、舞台上から照射することもある。

4. ステージオペレータ

舞台上の照明器具の管理と舞台転換を行うのが主な仕事で、舞台上から演者をフォロー照射することもある。照明器具が袖幕などに接触しないようにして火災を予防することも重要な役目である。

第 3 項　光の性質

光は直進するが、その光は見えない。見えるのは光を発している光源と、光が物体に当たって反射した光である。煙や埃などは粒の小さな物体の集まりなので、そこに光を当てると直進する様子が見える。

物体の色は、その物体で反射する光の波長によって決まる。

すべての光を反射する物体は「白」であり、逆に全ての光を吸収する物体は「黒」に見える。

反射した光は他の物体に照射され、その物体を明るくしたり色を付けたりする。これをハレーションという。このハレーションを活用した照明手法もある。

ところが、青い光を赤い対象物に当てると、赤には見えない。

青い光の中には、赤い成分が含まれていないから、赤を反射しないで黒に見えてしまうのである。

Red・Green・Blue（赤・緑・青）の光を「光の三原色」と呼び、この 3 色を RGB（アールジービー）と称している。この光をさまざまな比率で混合すると、さまざまな色の光を作れる。RGB を均等に混合すると理論上、白い光になる。

因みに、色相環で対極にある色（反対色）のことを補色という。例えば、赤の補色は緑であり、補色どうしを一定の割合で混ぜ合わせると白い光になる。

人間には「補色修正機能」がある。例えば、赤い光の中にいると赤を白と認識する修正機能である。または、赤い光を急に白い光に変化させると、青みがかった白に見えたりする。

太陽光は自然光とも呼ばれる。月からの光は、太陽光が反射したものである。私たちは、生まれたときから太陽光によって無意識に物が見えていて、その色が脳に記憶され、リンゴは赤、ミカンは橙などと識別している。

太陽光のうち直射日光を除いて、天空のあらゆる方向から地上に到達する光を天空光という。空気分子などによる散乱反射した光であって、影が薄く軟らかい。舞台芸能の照明は、この天空光を基本としていると考えられる。

以上のような光の作用や性質を熟知して、照明によるさまざまな表現を創造するのが照明家の仕事である。

【A】 光のさまざまな現象

A.1. 直進

光は均質な媒体（物体）の内部では直進する。

A.2. 反射と屈折

光は異なる媒体の境界面で「反射」または「屈折」をする。

凸凹の無い平面の物体に当たった光は、同じ角度で反射する。

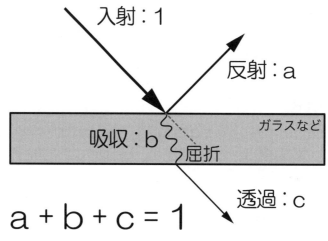

図 7–1《光の反射・屈折・吸収・透過》

A.3. 透過と吸収

光が透明な媒体の内部を通過するとき、その内部へ吸収変換される現象を「吸収」という。

光が透明な媒体の境界面に当たったとき、その一部は境界面で反射するが、残りは媒体の内部を通過する。この現象を「透過」という。

A.4. 干渉と回折

二つの光波（位相差が時間とともに変化しない同一周波数）が重なり合うと光が強くなったり弱くなったりする。この現象を「干渉」という。

光が伝搬するときに障害物の後方に回り込む。この現象を回折という。

A.5. 距離減衰

光源からの光が球面状に拡散するので、球の半径が2倍になると球の表面積が4倍になって、照度は 1/4 になる。これを逆2乗の法則という。この法則によって、光源から光が当たる面までの距離が2倍になると、光が当たる面が4倍になるので照度は 1/4 になる。距離が3倍になると照度は 1/9 になる。

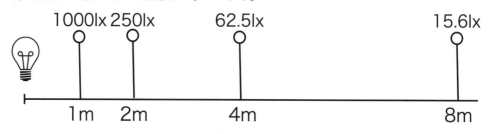

図 7—2《光の距離減衰》

104

【B】　光を発する光源の明るさや光量を表す単位と評価

B.1.　W（ワット）

電球の消費電力のことである。電球の種類や性能の違いによって得られる光の量（明るさ）は異なる。

B.2.　発光効率

ある照明機器の光源に与える電力（W ＝ワット）に対し、光源から発する全光束（lm ＝ルーメン）の効率を評価する指標である。LED の発光効率は電力が大きくなるほど、あるいは周辺の温度が上昇するほど低下する傾向にある。

例えば、白熱電球の発光効率は 2 ％、ハロゲン電球は約 3 ％、蛍光灯は 8 ％前後となる。「発光効率がよい」＝「同じ明るさでも消費電力が少ない」となり、LED 電球の消費電力は白熱電球の約 1/5 程度なので 10%程度になる。

B.3.　光束（こうそく）

ある面を通過する光のエネルギー（明るさ）を表す物理量であって、人間の感じる明るさを表す心理的な物理量のひとつでもある。

単位はルーメン（lm）。LED 電球などに表記されている。

B.4.　照度（しょうど）

物体の表面が光によって照らされる明るさを表す物理量である。光束と同様に、人間の感じる明るさの量を表す心理的物理量のひとつで、単位はルクス（lx）である。

光束はある面を通過する明るさであるが、照度はある面の単位面積あたりに入射する光束の量である。

B.5.　光度（こうど）

光源から出る光の強さ（ある方向に放射される光の量）を光度という。

単位はカンデラ（cd）。

B.6.　輝度（きど）

光源（発光体）のある方向からみた単位面積あたりの明るさであって、ディスプレイなど平面状の光源における概念である。したがって、点光源は対象としない。

単位はカンデラ毎平方メートル（cd/m²）であるが、ニト（nt）という別名がある。

B.7.　色温度（いろおんど、しきおんど）

発熱して発光する物体から放射された光の色合いを表す数値で、単位はケルビン（K）である。物質に高熱を加えると、その温度によってさまざまな光を放射する。その色合いは、物質と温度によって異なる。一般的に、寒色系（青系）の色ほど色温度が高く、暖色系（赤系）の色ほど色温度が低い。

太陽光が、朝焼け・日中・夕焼け・晴天・曇天・雨天などで色合いが異なるのは色温度の変化によるものである。朝焼けや夕焼けは、太陽が斜めの角度から差し、太陽光は昼間より大気の層を長く通過するので、青系は届かなくなり、残った赤系が目立つようになるからである。

白熱電球を調光したとき、光量を落とすと色合いが赤くなり、光量を上げると白っぽくなる。これは色温度の変化であって、LED はこのような変化がない

B.8.　演色性（えんしょくせい）

人工光源の性能のひとつで、自然光で見た色にどれだけ近いかの度合いである。したがって、自然光に近いものほど「良い」「優れている」、かけ離れたものほど「悪い」「劣っている」と評価される。

第4項　光を当てる方向による効果

光を当てる方向によってさまざまな意味を持たせることができる。方向を強調させるのは影である。照明は、明るくすることと影を作ることで、表現するのである。能楽の面のように、顔の傾け方で影の具合が変化するように、照射角度によりさまざまな表情を付けることができるのである。

人物に照明を当てる方向によって、次のような変化がある。

1. 正面からの明かり

基本的で初歩的な照明である。人物に当てた場合、無表情になる。

2. 頭上からの明かり（サス明かり）

立っている位置の少し前から照射すると、顔の影がハッキリ出て表情が強調される。

3. 頭上後方からの明かり（バックサス）

体全体の輪郭をハッキリさせ、俳優の体による表現を強調させる。

4. 後方の床面からの明かり

衝撃・ショック・期待などを表現できる。

5. 前方の床面からの明かり

不気味・不安・恐怖などを表現できる。

第5項　照明機器　lighting equipment

照明機器は、灯体・灯具と呼ばれる光を発生させる機器と、その灯体の明るさをコントロールする調光機器などである。

灯体は「光源」「設置場所」「構造」の違いで分類される。

また、均等に照射するもの、部分的に照射するもの、特殊な効果を出すものなどがある。

【A】　均等に照射する灯体 / フラッドライト　floodlight

電球または灯体を横一列に並べたもので、影が出にくく、広い範囲を均等に照らす器具である。3〜4回路になっていて、回路ごとにカラーフィルタを替えて、それぞれの光色（color appearance）を変えることでさまざまな色の照明を作り出せる。フラッド（flood）は「溢れる」「溢れさせる」という意味である。使用目的によって、ストリップ、ボーダー、フット、アッパーホリゾント、ロアーホリゾントなどと呼んでいる。

A.1. ストリップライト　strip light（米），　baton light（英）

横1列に電球をセットしたもので、家屋の装置（屋体）内に吊るなどして使用する可動器具である。

図7–3《ストリップライト》

106

【B】　部分的に照射してアクセントを付ける灯体 / スポットライト　spotlight
　　　光源から出た光を、反射鏡、または反射鏡とレンズを用いて集光して、一方向にビーム状の強い光を出す器具である。

図 7–4《スポットライト》

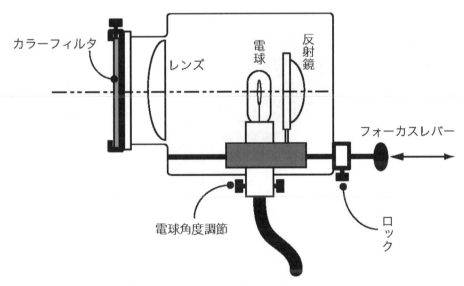

図 7–5《スポットライトの構造》

B.1. 標準スポットライト
　　　定番のスポットライトは、フレネルレンズまたは平凸レンズ（フラノコンベックス）を使用している。
　　　「フレネルレンズ」は、全体にムラのない柔らかい光で、輪郭がぼやけている。また、平凸に比べてハレーションが大きい。
　　　「平凸レンズ」は輪郭が比較的はっきりしているのが特徴で、中央が暗くなる球面平凸レンズと、それを改善した非球面平凸レンズがある。ハレーションが少ないのが特徴である。

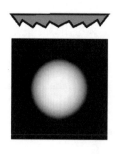  

| フレネルレンズ | 平凸レンズ（非球面） | エリプソイダル |

図7-6《レンズの違い》

B.2. エリプソイダルスポットライト

　光源が強く、2枚の凸レンズを組み合わせたりして輪郭をくっきりとさせている。4枚のシャッタが付いていて、照射エリアを四角に調節できる。略してエリスポと呼んでいる。

図7-7《エリプソイダル・スポットライト（左）とPARライト（右)》

B.3. PARライト（パーライト）　parabolic aluminized reflector

　ビーム光源の電球を用いた灯体である。シンプルで軽量、非常に明るいのが特徴である。使用する電球は、照射ビームの角度の違いで、ミディアム、ナロー、ベリーナローなどがある。

　PARライトは、灯体の直前に焦点を結ぶので、その位置に可燃性の幕などが来ないようにする。

【C】　調光操作卓　lighting board

　明るさを調整する機器である調光器（dimmer）をコントロールするのが調光操作卓である。

　調光操作卓からの信号で複数の調光器から成る調光ユニットをコントロールして、灯体の明るさを調節している。ただし、ムービングライトやLED照明器具は調光器を介さずにコントロールされる。

個別の灯体を操作することもできるし、いくつかの場面の照明をコンピュータに記憶させておいて、場面に合った照明を再現できる。

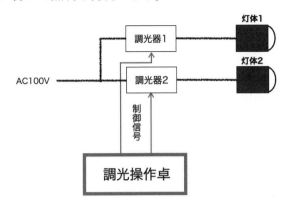

図7-8《従来の調光装置の概略図》

これまでの調光操作卓は、明るさだけを操作するものであったが、現在はムービングライトやLED照明器具のために、パン（PAN＝左右移動）・チルト（TILT＝上下移動）・ゴボ（GOBO＝絵柄）・カラー（COLOR＝色）など、さまざまな要素を制御することが可能になった。そのため、既存の劇場の照明設備にムービングライトやLEDライトを加えたり、一部を入れ替えたりしている。

その対策として、国内メーカーは既存設備の操作可能なフェーダに加えて、LED灯体などを操作する機能を搭載したハイブリッドシステムを採用しているものもある。さらに将来を見据えて、RDM（remote device management＝遠隔で器具と通信し、検索・情報の取得・設定が可能な規格）などに対応したネットワーク機能も取り入れている。

デジタル調光操作卓を利用するために生まれたのがDMX512という規格であるが、その規格はムービングライトやLED照明器具にも活用されている。

【D】　DMX512について

DMX512は、灯体の明るさの調節、ムービングライトの照射の位置（角度）・動き・形状をコントロールするデジタル信号の規格である。512とは、512チャンネルまで対応できることを意味する。DMX対応機器にはチャンネル（ch）が決められていて、「スタートアドレス」のチャンネルをコントローラ（調光操作卓）と同一に設定すればコントロールできる。DMXはdigital multiplexingの略。

例えば、1chがパン機能（横の動き）、2chがチルト機能（縦の動き）、3chがゴボ機能（絵柄）、4chがカラー機能（色）のDMX機器の場合は、この機器の「スタートアドレス」を5番に設定すると、コントローラの5番でパン、6番でチルト、7番でゴボ、8番でカラーをコントロールできる。

図7-9《DMX操作卓（左）とディスプレイ》

DMX 対応の照明機器は、図 7-10 のように配線する。制御用ケーブルは EIA−485A 規格のもので、シールド付きツイストペアー線を 2 対、コネクタは XLR の 5 ピンで送信側はメス、受信側はオスになっている。

制御用ケーブルは、次々に渡って接続できるが、接続できる器具は 32 台以下となっている。これをデイジーチェーン接続というが、カスケード接続とも呼ばれている。

DMX で制御するムービングライトや LED 灯体の電源は、調光器を経由しない電源（直電源）を使用する。この場合、図 7-11 のような灯体は渡り配線が可能になっている。この場合は総電力量が初段の電源ケーブルの許容量を超えないように接続台数を制限する必要がある。

スプリッタは DMX 制御信号の分配器である。灯体の制御信号は、スプリッタを用いて接続するのが無難ではあるが、デイジーチェーン接続でも問題ない。

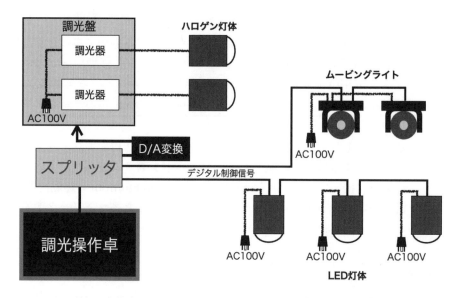

図 7−10《DMX システムのムービングライトなどへの結線例》

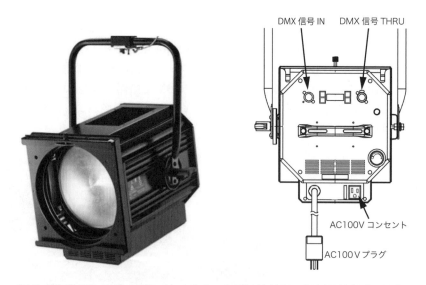

図 7−11《LED スポットライト LC-8　右側は接続面　松村電機製作所製》

また、光の三原色の組み合わせで、白色を含むさまざまな色の光を作れる灯体であれば、これまでのカラーフィルタは不要となる。

しかし、カラーフィルタを使用したい照明家もいるので、フィルタ装着枠を搭載できる灯体もある。

LED 照明のメリットは、電源ユニットからの発熱はあるが、光源からの放射熱が少ないということと、節電になることである。

写真の灯体（図7–11）は、ハロゲン電球 1000W 相当の明るさで消費電力は 140W となっている。

LED は、これまでの電球に比べて寿命が長いが、電源ユニットの寿命が短いので注意が必要である。

また、灯体からノイズが発生するので、その対策をされている製品を使用すべきである。国産の灯体は、国際無線障害特別委員会が規定するノイズ対策が施されている。

100 V 電源であっても、ノイズ放射対策として「照明電源専用のアース」を必ず接続すべきである。

【E】　付属品

E.1. カラーフィルタ

灯体の前面に装着して照明に色を付けるものであって、ポリエステルフィルム製で透明性・耐熱・耐水・耐褪色性などに優れ、堅牢で燃えにくくなっている。

褪色とは、光源の熱などにより色あせることをいう。

E.2. フィルタマット

カラーフィルタを挟み込むもので、灯体の大きさに合わせて各種ある。シート枠ともいう。金属製と紙製があり、紙製は火災予防のため難燃性のものを使用、金属製は落下すると危険なので、確実にマットフォルダに装着してストッパーでしっかりと固定する。

E.3. マットホルダ

灯体に装着するために、フィルタマットを固定する枠のことである。

E.4. スタンド

灯体を舞台床に設置するための器具で、図 7–12 のようにさまざまな高さのものがある。

図 7–12《左から丸足スタンド、三脚スタンド、ロー・スタンド、丸台》

E.5. ハンガー　baton clamp

灯体をバトンに吊るための金具である。

図7–13《ハンガー》

E.6. プラグ、コンセント、コネクタボディ

接続器は、プラグ、コンセント、コネクタボディに分けられ、劇場では JATET 規格でアース端子付の C 型が標準である。

C 型接続器は、定格電圧（定格として定めている上限の電圧）125V で、定格電流（連続して通電可能な電流の最大値）が 20A、30A、60A のものがある。特徴は、コンセントとコネクタボディの非接地側（電圧側）は、プラグの差し込みが完了するまでは、無電圧となっていて、安全面に配慮されている。

差し込み穴の形状は、C 型は"C"の形を、D 型は"D"の 形をしており、電圧側と接地側が逆にならない構造になっている。

図7–14《C 型コンセント（左）、D 型コンセント（中央）、C 型コネクタボディ（右）》

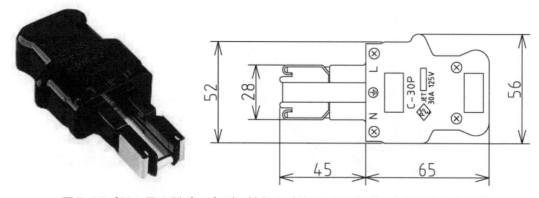

図7–15《30A 用 C 型プラグ写真（左）と寸法図　図版提供：丸茂電機株式会社》

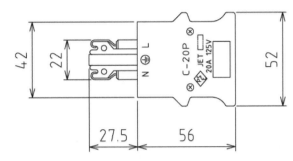

図 7-16《20A 用 C 型プラグの寸法図　図版提供：丸茂電機株式会社》

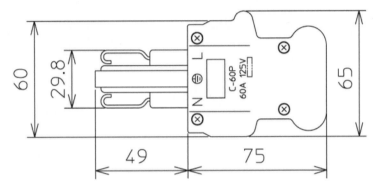

図 7-17《60A 用 C 型プラグの寸法図　図版提供：丸茂電機株式会社》

200V 用としては JATET 規格の D 型、カムロック、CEE Form（シーフォーム）が用いられるようになった。

D 型接続器は、定格電圧が 250V で、定格電流が 20A、30A のものがある。

特徴として、コンセントとコネクタボディの非接地側（電圧側）は、プラグの差し込みが完了するまでは、無電圧であるスイッチ機構となっていて、安全面にも配慮されている。差し込み穴の形状は、"D" の形をしており、単相三線の L1 極と L2 極が逆にならないような構造になっている。

その他、200V の海外機器を使用するために、大電流用単極のカムロックや CEE Form（シーフォーム）が用いられている。

E.7. フロアコンセント　floor pocket（米）, dips（英）

舞台床に埋め込まれた、調光器に接続するためのコンセントを収納した箱で、フロアコンセントと呼ばれている。米語で floor pocket、英語で dips という。

図 7-18《フロア コンセント》

床や壁面の回路（フロア回路・ギャラリー回路など）は30A、吊りもの（サスペンション）は20Aが基本である。

ムービングなどの海外機器用として、200V（D型）の設備設置の動きもあるが、仮設電源は「カムロック」による供給が多い。また、これまで三相4線式が多く使われていたが、近年は200V供給が増えてきたことから単相3線式に変わりつつあり、「カムロック」での供給になっている。

E.8. アイリスシャッタ　iris

灯体から照射する明かりを遮るもので、中心を軸に周辺から絞る方式のものである。フォロースポットに付けて、フェードイン、フェードアウトさせる。

図7-19《アイリスシャッタ（左）とバーンドア（右）》

E.9. バーンドア　barn door

灯体から照射光を遮る金属板のことで、スポットライトの前面に付けて、照射エリアを調節する。

E.10. 介錯棒

バトンなどに吊ってある高所のスポットライトの角度を、先端の鉤（かぎ）を使って調節する棒のことである。

第6項　劇場の照明設備

劇場の照明設備は、設置してある場所によって呼び方が異なる。

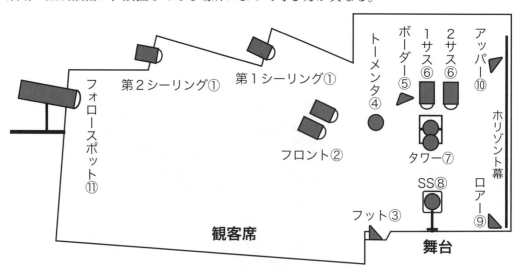

図7-20《横から見た照明設備の配置》

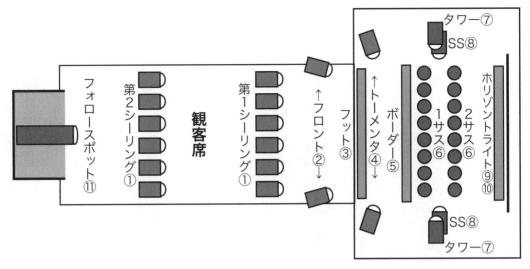

《図 7–21 上から見た照明設備の配置》

①　シーリング・ライト（CL）

　　客席の天井に設置したスポットライト群で、一般的に前方と後方の２列があり、前方を第１シーリング、後方を第２シーリングと呼んでいる。

②　フロント・サイド（Fr）

　　客席前方上部の両側の壁方向から照射するスポットライトのことである。

③　フット・ライト（FL）　foot lights（米）, floats（英）

　　舞台端（最前部）の床に設置するもので、電球を横一列に並べ、３～４の回路になっている。

　　フットライトは、歌舞伎や日本舞踊の必需品である。日本語では「脚光」という。

　　使用しないときは床下に格納する。その場合は、調光操作卓の操作を間違えて点灯すると危険なので、電源コードをコンセントから抜いて格納する。

図 7–22《フット・ライト》

④　トーメンタ・ライト（Tor）

　　プロセニアムアーチの舞台側上部に設置するスポットライトのこと。

⑤　ボーダー・ライト（BL）　batten lights

　　横1列に電球をセットした灯体を吊りバトンに吊って、影の目立たないフラットな明か
　　りを照射するもので、3〜4回路になっている。

図 7−23《ボーダー・ライト、手前右がトーメンタ・ライト》

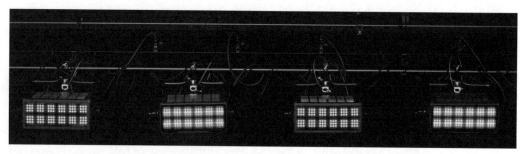

図 7−24《LED のボーダー・ライト》

⑥　サスペンション・ライト（Sus）　top lighting

　　吊りバトンに設置して、舞台の上から部分的に照射するスポットライトで、脚立や介錯
　　棒でビーム方向、照射エリア、フォーカスを調整する。

　　仕込み図を描くときは、平凸レンズを○、フレネルレンズを◎で描くこともある。

⑦　タワー・ライト

　　劇場によってさまざまであるが、固定式やキャスター付きの移動式、袖幕と袖幕の間に
　　吊られて高さが調整できるものなどがある。このタワーに仕込まれたスポットライトを
　　タワースポットという。

⑧　ステージサイド・ライト（SS）　side lighting

　　舞台の袖から、通常は袖幕の後ろから照射するスポットライトで、スタンドに取り付け
　　て設置する。

⑨　ロアーホリゾント・ライト（LH）　ground row

　　ホリゾント幕を床から照射するフラットな照明で、電球を横一列に並べ、3〜4の回路
　が組み込まれていて、回路ごとにカラーフィルタの色を替えておき、それぞれの色の組
　み合わせを替え、照度を加減することで、さまざまな色を作り出せる。

　　通常は、赤（R）、緑（G）、青（B）のカラーフィルタを交互に装着するが、4回路ある
　ときは黄（Y）を加える。理論的には赤・緑・青を均等に混ぜると白光になるが、実際
　は「黄」を加えることで純白が作れるからで、またRGBの混合で黄色が作りにくいか
　らでもある。

図 7–25《LED のホリゾント用ライト》

⑩　アッパーホリゾント・ライト（UH）　cyclorama lights

　　ホリゾントを上部から照射するフラットな照明で、3〜4回路になっている。夕焼け空、
　青空、夜空などを表現することが多いので、濃青、青、青緑、赤のカラーフィルタを用
　いることが多い。

⑪　フォロースポット　follow spot

　　動いている人物などを追いかけて照らすもので、カラーフィルタを数枚切り替えできる
　「カラーチェンジャ」と、照射エリアを調整できる「アイリス・シャッタ」が付いてい
　る。フォロースポットライトは、舞台の正面から照射する定番の中央の他、フロントサ

イド、シーリングなどからも使用することがある。センタースポットライト、ピンスポットライトともいう。

図7-26《フォロースポット、ハロゲン（左）・クセノン（中央）・LED（右）》

第7項 灯体の仕込み

① 取り付けバトンの上げ下ろしのときは、大きな声で周囲に注意を促す。

② 降りているバトンの下を潜らない。

③ 灯体を持ち運びするときは、ハンガーの部分でなく、アームを持つ。

④ バトンに取り付けた後、コードが長いときはバトンに適度に巻き付ける。短くしすぎると灯体の向きを変えるときに支障がある。

⑤ コードは、灯体の熱から避けるため、灯体に接触しないように、またはレンズの前に垂らさないようにする。

⑥ 最後に安全用ワイヤー（チェーン）をアームを通して掛ける。

図7-27《安全用ワイヤー（チェーン）の掛け方》

以下は作業するときの注意である。

① 灯体の熱による火傷を避けるため、長袖の作業服が適している。

② 危険なので、タオルやコードを首に掛けない。

③ 灯体は高温になるので、点灯中、点灯直後は革手袋をはめて操作する。

④ 灯体は 5 分で 100℃ 以上になるので、袖幕・一文字幕・大道具・小道具などの燃えやすいものに近づけない。または近接距離で幕類に照射しているものがないかを確認する。

⑤ レンズのない灯体は、電球の爆発による破片の落下を防止するため、透明フィルタを装着する。

⑥ 仕込み時に、方向・角度・フォーカスを予め目測で合わせおいて、バトンを飛ばした後のフォーカシング作業時間を縮小する。フォーカシングは「あたり合わせ」のことで、シューティングまたはシュートともいう。

第 8 項　スポットライトの整備

① ハロゲン電球など高温度になる電球は、手の油などが付着すると破裂しやすくなるので、素手または汚れた手袋で触らない。

② 電球の交換は、灯体のコードをコンセントから抜いて行う。

③ 電球のフィラメントの広い部分を、レンズと平行にする。

④ レンズの中心、電球のフィラメントの中心、反射鏡の中心を合わせる。この調整が不備のときは、照射光の円が二重になる。

⑤ レンズや反射鏡に汚れがあるときは、磨いて汚れを落とす。

⑥ レンズは、強固に固定すると、熱による膨張で割れることがあるので、ゆるく締める。

第 9 項　操作用語

照明の基礎的な操作用語である。

フェード・イン	fade in	F.I	次第に明るくなる
フェード・アウト	fade out	F.O	次第に暗くなる
カット・イン	cut in	C.I	突然、明るくなる
カット・アウト	cut out	C.O	突然、暗くなる
オーバーラップ	overlap	O.L	現場面と次場面の照明を重ねながら入れ替える

図 7-28《調光卓のフェーダテクニック》

① 暗転（blackout/dark change）：舞台と客席の照明を暗くすること

② あおる / あおり：小刻みに明暗を繰り返すこと

③ 客電（house lights）：観客席の照明

④ ころがし：舞台床面に設置して照射する灯体

⑤ 地明り：舞台全体を照らす照明

⑥ チョンパ：歌舞伎舞踊などで、暗転状態で幕を明けて、拍子木（柝）を打つチョーンという合図で照明をカットインすること

⑦ 前明り：フロントやシーリングなど客席側から舞台側を照らす照明

⑧ フォロー：動く人物・物体を追いかけて照射すること

⑨ 打っ違い：斜めからの光を交差させる手法

⑩　ライトオープン：規定の照明の状態で幕を開ける

⑪　ライトカーテン：照明をそのままにして幕を閉める

⑫　ダークオープン：暗転にして幕を開ける

⑬　ダークカーテン：暗転にして幕をしめる　❖

俳優の化粧や衣装を役柄らしく、大道具や小道具などの作り物を本物らしく見せたり、演奏会や演奏曲のイメージを光で表現して、観客を感動させるのが照明の力である。

第8章

舞台音響の仕事

「音を拡大する、音を記録する、音で伝える、音で訴える、音で癒す、音で演じる、音を奏でる」これが音響の仕事である。

音は見えないが、使用する音とその操作によって、観客を驚かせたり、怒らせたり、笑わせたり、泣かせたりする効果が生まれる。

ポップ・ミュージックのコンサートでは、ボーカルや楽器の音をマイクで収音し補強することで、全体の音のバランスを整え、心地よい、迫力ある、感動させる音楽に仕上げるのが音響の仕事である。このことを「サウンド・リインフォースメント（sound reinforcement ＝ SR）」という。補強は単に拡大するのではなく、不足部分（特定の周波数など）を増強することで補正ともいう。PA は public address の略で、場内放送や呼び出し放送なども含まれる広義の拡声である。

演劇では、録音した効果音や音楽、時には擬音道具や人声、火薬などで生の効果音を使用することもある。演劇の進行に合わせてタイミングよく出したり、音量を調節したりするのが音響の仕事である。

音響の仕事はジャンルによってさまざまであるが、劇場における音響の仕事は「聴かせたい音を聴こえるように、そしてバランスを整え、効果音や効果音楽を用いて俳優の表現をサポートすることで演出効果を高める」のが役目である。

第１項 音の性質

音響機器のことだけを知っていても、また性能のよい機器を使用しても、音の性質を熟知した上で、それらの機器を操作しないと、目的の音を創れない。つまり、音の性質を頭の中でイメージできないとプロとして通用しないのである。

【A】 デシベル

音響の現場では、音量をデシベル（decibel）で表現し、dB と表記する。これは、絶対的な単位でなく、規定レベルを 0dB（ゼロデシベル）として、それに対して大きいか小さいかを比較して相対的な値で表している。レベルを指示するときは、「6 デシアップ」などという。図 8-1 のように音圧比・電圧比は、+6dB では基準レベルの約 2 倍、–6dB では基準レベルの約 1/2 になる。電力比と音の強さ比については音圧比などの 2 乗になるので、+6dB では約 4 倍、–6dB では約 1/4 になる。通常、＋（プラス）は表記せず、–（マイナス）のときだけ表記している。電流比も電圧比と同じである。

電力比 音の強さ比	電圧比 音圧比	デシベル値		電圧比 音圧比	電力比 音の強さ比
1	1	0dB		1	1
1.26	1.12	1dB	–1dB	0.891	0.794
1.58	1.26	2dB	–2dB	0.794	0.631
2	1.41	3dB	–3dB	0.708	0.501
2.51	1.58	4dB	–4dB	0.631	0.398
3.16	1.78	5dB	–5dB	0.562	0.316
4	2	6dB	–6dB	0.5	0.25
5.01	2.24	7dB	–7dB	0.447	0.2
6.31	2.51	8dB	–8dB	0.398	0.158
7.94	2.82	9dB	–9dB	0.355	0.126
10	3.16	10dB	–10dB	0.316	0.1
100	10	20dB	–20dB	0.1	0.01
1000	31.6	30dB	–30dB	0.0316	0.001
10000	100	40dB	–40dB	0.01	0.0001
100000	316	50dB	–50dB	0.00316	0.00001
1000000	1000	60dB	–60dB	0.001	0.000001

デシベル表記	基準
dBm	インピーダンス600Ωの負荷に1mWの電力を加えたときに発生する電圧775mVを0dB。
dBu	インピーダンスに関係なく、775mVを0dB。
dBV	インピーダンスに関係なく、1Vを0dB。
dBSPL	0.00002Pa（パスカル）を0dBとした音圧レベル。
dB(A)	騒音計の聴感補正回路のA特性を通した場合の音圧レベル。
dBW	1Wを基準量とした電力のデシベル値。

図 8-1《デシベル換算例（左表）、0dB の基準と dB 表記（右表）》

【B】　音の速度

音の速度は、光に比べて非常に遅い。光の速度は秒速 299,792,458 メートルであるが、音の速度は秒速約 340 メートルである。

ただし、気温によって異なるので、これは世界の平均気温 15℃のときの速度であり、1 メートル進むのに 2.94 ミリ秒（2.94msec）、約 3 ミリ秒となる。

計算式は次のとおり。

$$音速（m/s）＝ 331 ＋ 0.6t \quad t ＝ 気温（℃）$$

劇場の舞台からの距離が 10 メートルの座席では約 30 ミリ秒遅れて聞こえているが、それを意識したことはないと思う。しかし、舞台の上でマイクで録音した音と、20 メートル離れたところのマイクで録音した音（約 60 ミリ秒遅延）を比較すると歴然と違いが分かる。

また、図 8-2 のように壁や天井で反射する反射音は直接音よりも遠回りして耳に届くことになる。反射音は無数にあると考えられ、反射音の状態を建築的に制御して施設の利用目的に応じた残響にすることができる。最初に到達した音から 50 ミリ秒以内に到達する反射音群は直接音と一体となり強めあうが、50 ミリ秒を超える反射音は直接音とは別々に聞こえる。その反射音が強力であるとエコーとなって聞こえ、反射音の群れとなれば残響音として感じる。

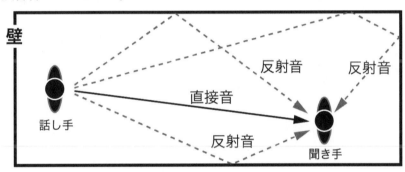

図 8–2《直接音と反射音》

【C】　気温と湿度の影響

気温が高くなると音の速度は速くなる。図 8-3 のように地表の気温が冷たく上空が暖かいとき、音は音速の遅い状態の地表の方向へ屈折する。

逆に、地表が暖かく上空が冷たいときは、音は上空へ屈折する。

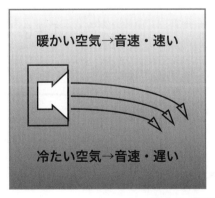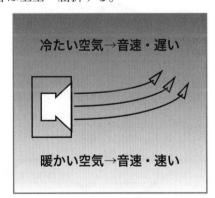

図 8-3《気温と音の屈折》

また、図 8-4 のように、風によっても音の速度が変化する。通常、風速は上空が速く、地表では遅い。そのため、追い風（順風）のときの音速は上空側で速く、地表側で遅く

なる。そして、追い風の場合は地表側に屈折する。向かい風（逆風）の場合は逆になり、上空に屈折する。

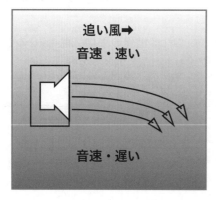

図8-4《風と音の屈折》

また、音は湿度によっても伝わり方が変化する。

乾燥するほど音の減衰率は大きく、湿度が20%以下になると高域の減衰率が高くなる。

【D】 位相干渉

直接音と反射音の到達に時間差が発生すると「位相」の差が生じる。

このときの位相は周波数によって異なるので各々の周波数ごとに、異なった位相の音が合成され、打ち消し合ったり、強調されたりして周波数特性に起伏が生じて音質が変化する。

これを位相干渉という。

位相は360°を1波長とした円で表現され、180°の差があると「逆位相」で、この音を合成すると完全に打ち消される。0°と360°は同位相なので、これを合成すると2倍になる。

《位相差180°、レベル差0dBの同一信号》

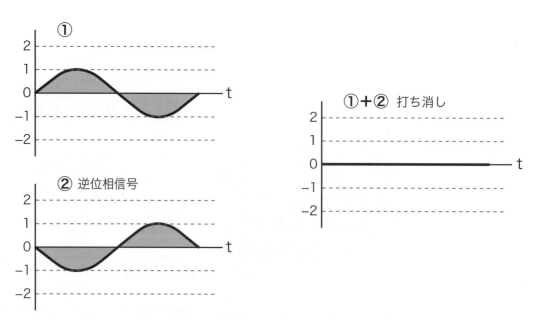

図8-5《レベルと周波数が同一で、逆位相の信号の合成》

124

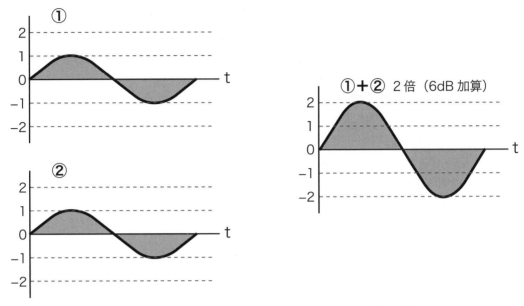

《位相差 0°、レベル差 0dB の同一信号》

図 8-6《レベルと周波数が同一で、同位相の信号の合成》

【E】 反射・吸収・透過

壁の材質によるが、音は壁や天井、床などで反射したり、吸収したり、透過したりする。その特性を利用して、目的の残響時間になるようにコントロールしたり、反射を抑えたりすることで音環境を改善する。

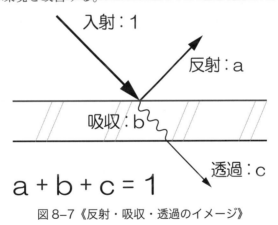

図 8-7《反射・吸収・透過のイメージ》

第 2 項 音響のスタッフ

劇場の音響スタッフの役割は、一般的に次のようになる。

1. デザイナ　sound designer

デザイナは、音響の仕事の大本となる、どのような音を作るかというデザインをして、作業の進め方を計画する。

2. オペレータ　operator

オペレータは、音響デザイナのイメージを具体的な音にするのが仕事である。

3. ステージ・エンジニア　stagehand

音響機器の仕込みや撤収、ワイヤレスマイクの装着や場面転換で「仕込み替え」をするのが仕事である。

4. サウンドシステムチューナ　sound system tuner

大規模なポップスコンサートなどで、音響機器の仕込み後に機器全体の設定を整えて、会場の音響特性を測定して、適正な状態に補正する仕事である。オペレータがアート担当であるのに対して、サウンドシステムチューナはサイエンス担当になる。

劇場の音響技術者は、音に関わる業務全般を担当する他、弱電機器に詳しいことから、音以外の業務に携わることがある。

① 演奏やセリフを補強する SR
② 録音された音楽や効果音のプレイバック（PB)
③ プレイバック素材の録音、製作、編集
④ 上演記録のための録音、録画
⑤ オンライン配信
⑥ 劇場全体の運営のためのビデオモニタ装置の管理
⑦ 劇場全体の音響装置の管理

第 3 項　SR の基本

SR は sound reinforcement の略で、音響機器を用いて音声や楽器の音を補強することであり、その考え方は上演する芸能のジャンルの違いで、次のように大きく分けることができる。

1. 電気音響が主の芸能

ポップスやロックなどは、ボーカルや楽器音を大音量で SR するので、生の音はほとんど聞こえず、スピーカから出る音が主となる。

2. 補助的に使用する芸能

ミュージカルやジャズなどは、SR しているのは分かるが気にならない程度の控えめの SR をする。そのため、生の音を基準にして、SR 音は演者の方向から聞こえるようにする。

3. 生の音が主の芸能

オペラ、クラシック音楽、歌舞伎、邦楽、能のような伝統的な芸能は、音のバランスは完成されているので基本的に SR しないが、上演する劇場の音響特性が不適当な場合に、それを補う形で SR することがある。この場合も、観客には SR を気付かせないようにする。ステルス（隠密）SR ともいう。

【A】　SR の基本的な考え方

SR をするときの基本的な考え方は次のとおりである。

A.1.　生の音を基準に

SR は、生の音で不足している音量を補強し、音質を修正し、全体のバランスを整えることである。

つまり観客は、生の音とスピーカ音の合成を聴いている。したがって、生の音の大きい楽器は SR レベルを小さく、生の音の小さい楽器は SR レベルが大きくなる。

A.2. 観客席全体に均等な音を

　　SR は、舞台で発した音が、観客席全体で音量、音質、明瞭性が均一になるようにすることである。

A.3. 音量は必要最小限に

　　過大音量は明瞭度を低下させるので、常に必要最小限の適量を心掛ける。残響が多い会場では、音量を抑えたほうが聞きやすくなることもある。

A.4. よい演奏、よい演技ができる環境作りを最優先

　　演奏者は、信頼できる音響技術者がいると演奏に集中できる。

　　演劇では、よいタイミングで音が入り適度な音量で演技を膨らませる音響操作をすると、俳優は素晴らしい演技をするものである。

A.5. 音響家の存在を観客に意識させない

　　音響技術は、観客を音響に注目させるのではなく、演奏や演技に注目させるための技巧である。観客に音響技術者の存在を意識させないことが最良の音である。

第 4 項　音響効果と再生技術の基本

　　音響効果とは、演劇・映画・放送などで擬音や録音した音を使って本物らしく聞かせること、または劇場などで、楽音や台詞の響く度合のことをいう。ここでは前者の効果音や効果音楽のことを指している。

　　効果音は演劇の中で、何らかの役割を果たさなければそれは騒音にすぎない。演劇の中で使用する効果音や効果音楽は、次のように用いられる。

　　・情景描写
　　・登場人物の心理描写
　　・過去の再現
　　・未来の予告
　　・観客の心理表現

　　また、使いかた次第で観客にショックを与えたり、安堵させたりもできる。

　　現在の演劇では、録音した効果音を再生することが定番となっているが、歌舞伎の効果音は原則「生音」という擬音で、さまざまな音具（音を出す道具）を用いて、または考案して俳優の演技に合わせて音を出している。犬の鳴き声は人声で行う。

　　映画やテレビでは、これを「フォーリー・サウンド」という。これは足音や格闘の場面の効果音を映像に合わせて付ける仕事であって、ハリウッド映画でフォーリー（Jack Donovan Foley）という人物が音響効果部門でアカデミー賞を取ったのが由来で、この仕事をするスタッフをフォーリーアーティストと呼ぶようになり、擬音効果をフォーリーというようになったのである。

　　音は、観客席から見えていない部分の情景も表現できる。教会が近くにあると思わせるなら、その方向から「教会の鐘の音」を聞かせる。

　　「梵鐘」は情景描写だけでなく、時刻も表現できる。

　　季節や時刻を表現するには、「虫、野鳥、物売りの声」などが用いられる。

　　夏の昼は「せみの声」、秋の夜は「こおろぎ」、秋の昼は「モズの声」、冬は「やきいも屋の売り声」、春は「うぐいす」「ひばり」などが一般的である。

時計の「セコンド」や「せせらぎ」のように、通常は聞こえない小さな音を聞かせれば静寂を表現できる。さらに「せせらぎ」に「カジカ蛙」の音を加えれば夏になる。

「救急車」や「パトカー」は、不安感を与える。

現在、演劇で使用する効果音のほとんどは、録音したものを用いている。録音した音を流すことを再生、またはプレイバック（PB）という。

第5項　音響機器

劇場の音響設備は、マイクロホン、音響調整卓、シグナルプロセッサ、パワーアンプ、スピーカが基本である。

その他、録音した音楽や効果音を再生する機器などがある。

音響調整卓やシグナルプロセッサ、パワーアンプなどの電子機器にはアナログ方式とデジタル方式があり、多くはユニバーサル電源仕様（90V〜240V 使用可）になっている。

1. マイクロホン　microphone

マイクロホンは小さな発電機であって、空気中の音の力で電気を発生させる。通常はマイクという。

発電の方法の違いで、ダイナミック型とコンデンサ型がある。ベロシティ（リボン）型もあるがデリケートなマイクなので、舞台での利用は少ない。

コンデンサマイクを使用するには電源が必要で、乾電池を使用するか、または調整卓から供給する。調整卓からの電源は、マイクケーブルを用いて供給され、ファンタム電源と呼ばれる。

また、どの方向からの音をよく拾うかという性質の違いを指向性と呼び、次のような指向性がある。

1) 単一指向性 uni-directional microphone：一方向からの音を拾う。この特性曲線が心臓の形をしているのでカーディオイド（cardioid）とも呼ばれ、さらに指向角を狭めた特性のものをスーパーカーディオイドという。

2) 全指向性 omni-directional microphone ：どの方向からの音も拾う。無指向性ともいう。

3) 双指向性 bi-directional microphone：前と後からの音を拾う。横からの音は入りにくい。両指向性または figure 8 ともいう。

4) 超指向性：指向性の鋭いマイクで、離れた距離から収音するときに用いる。ショットガンマイク、ガンマイクともいう。

図8-8《指向性切替マイクのマーク　左より全指向性／単一指向性×3／双指向性》

バウンダリーマイクという特殊なものもある。床や壁に仕込んで収音するマイクで、近辺の反射音の影響が少ない構造になっている。

正式名称は boundary layer microphone、略してBLM とも呼ばれている。

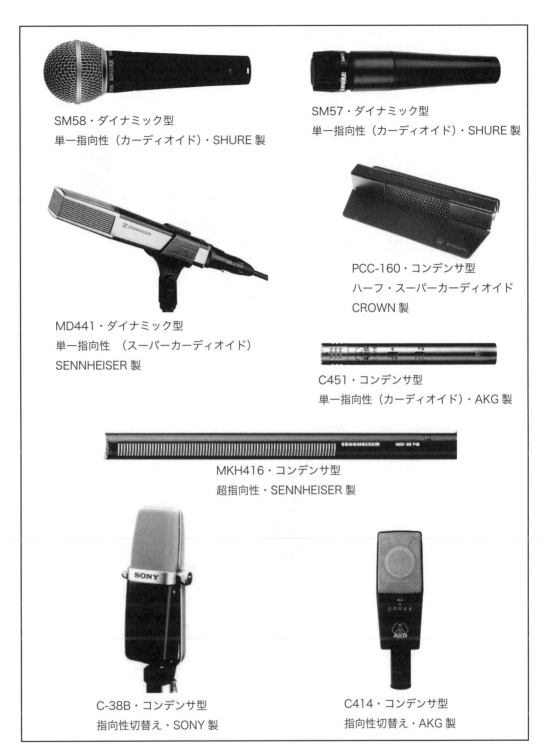

SM58・ダイナミック型
単一指向性（カーディオイド）・SHURE 製

SM57・ダイナミック型
単一指向性（カーディオイド）・SHURE 製

MD441・ダイナミック型
単一指向性　（スーパーカーディオイド）
SENNHEISER 製

PCC-160・コンデンサ型
ハーフ・スーパーカーディオイド
CROWN 製

C451・コンデンサ型
単一指向性（カーディオイド）・AKG 製

MKH416・コンデンサ型
超指向性・SENNHEISER 製

C-38B・コンデンサ型
指向性切替え・SONY 製

C414・コンデンサ型
指向性切替え・AKG 製

図 8-9《劇場でよく使用されるマイクロホン》

2. ワイヤレスマイク　wireless microphone, radio microphone

　ワイヤレスマイクは、マイクコード（ケーブル）を使用しないで、マイクの中に無線機が入っていて、音を電波に乗せて送るものである。動きながら使用するときはワイヤレスマイクが便利である。ラジオマイクともいう。現在はダイバーシティ（diversity）方式を用いて、電波の途切れを改善している。

　ダイバーシティ方式とは、受信アンテナを 2 本設置して、片方の電波到達が途切れたら電子回路で瞬時に別のアンテナ信号に切り替えるもので、アンテナごとに受信機を設け

て受信機の出力を切り替えるもの、アンテナ信号を合成して１台の受信機で対応する簡
易な機器がある。

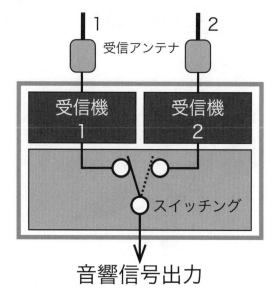

図8-10《ダイバーシティ方式の概略図》

マイクと送信機が一体になったハンド型と呼ばれるものと、送信機だけのもので好みの
マイクを接続して使用するベルトパック型（ツーピース、ピンマイク、仕込み型、ボ
ディパックともいう）がある。

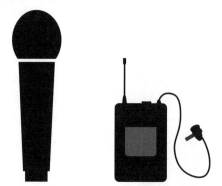

図8-11《ハンド型（左）とベルトパック型（右)》

単３乾電池を使用するものが一般的で、単３乾電池１本で３時間以上使用でき、２本
入っているものは６時間が目安である。

充電式も多く使われているが、頻繁に使う場合は充電式、あまり使用されない場合は乾
電池式と、利用状況を考慮して選定すべきである。

ワイヤレスマイクには、アナログ方式とデジタル方式がある。

デジタル方式は、デジタル特有のレイテンシー（latency ＝待ち時間）による遅延が生
じる。高性能の機種を使用すれば許容できるレイテンシーである。アナログ方式は、複
数のチャンネルを同一場所で使用すると他のチャンネルと混信する（３次相互変調によ
る）ので、使用できなくなるチャンネルが発生する。デジタル方式では、そのような問
題はないのですべてのチャンネルを同一場所で使用できる。

また、デジタルの特徴を活用して、マイク側（送信機）の状態を受信側で確認できる
し、盗聴を防止することもできる。

3. 音響調整卓　sound control board

調整卓は、個々のマイクまたは再生音のレベルと音質をコントロールして、その音を合成したり、分配したりする機器である。

デジタル方式は設定が面倒ではあるが、自分好みの設定を保存可能であるし、ディレイやコンプレッサなど、さまざまなエフェクタ（効果器）が搭載されたオールインワン構造になっていて利便性が高い。

図 8-12《デジタル調整卓》

4. シグナルプロセッサ　signal processor

以前はイコライザ、プロセッサ、ルータ（router＝信号分配器）、フィードバックサプレッサ、ディレイなどを各々個別の機能の機器を組み合わせてシステムを構築していた。

現在は、回路を自由に構成できるフリーワイヤー型の DSP（digital signal processor）を用いてさまざまな機能から必要なもの選んで信号の流れを構築できるようになったが、設定に時間がかかる。

パワードスピーカのアンプに内蔵されているスピーカプロセッシング用の DSP は、信号の流れが固定されており、処理したいパラメータや信号の流れをオン、オフするだけで設定できる。これをフィックストブロック（固定回路）などと呼んでいる。

5. パワーアンプ　power amplifier

パワーアンプは、スピーカを駆動し音を出すための増幅器である。アンプといえばパワーアンプのことで、メインアンプ、電力増幅器と呼ぶこともある。国際的に、節電などの点からデジタル方式が推奨されている。

また、スピーカとの接続ケーブルを短くするために、スピーカシステムに内蔵されているものが多い。その場合、スピーカ制御専用にプログラミングされた DSP が内蔵されている機器もある。

6. スピーカ　loudspeaker

スピーカはマイクと逆の働きをするもので、パワーアンプの出力でスピーカの振動板を動かし、音波に変える働きをする。スピーカからの音が生の音に加わり、音が拡大される。

1) 構成の違い

パワーアンプが組み込まれたスピーカもあり、これをパワードスピーカと呼んでいる。したがって、スピーカまで AC 電源を配線する必要がある。パワードスピーカは、アンプとスピーカを繋ぐケーブルが短くなるので音質が良くなる。

スピーカシステムにはさまざまな形式があり、一つのスピーカで高音から低音までを再生するフルレンジ型、高域（ツィータ＝ high range）と低域（ウーファ＝low range）

を分割して異なるスピーカで再生するマルチ型がある。マルチ型は再生帯域を拡大することができるのが特長で、さらに性能を向上させるためにそれぞれ異なるアンプで動かすマルチアンプ方式もある。高域と低域で構成するものは2ウェイ、さらに中域（スコーカ＝ mid range）が加わると3ウェイと呼ばれる。

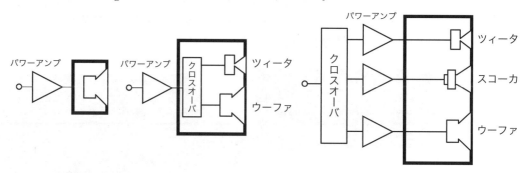

図8–13《左からフルレンジ型、マルチ型2ウェイ、マルチアンプ方式3ウェイ》

2) 点音源と線音源の違い

① 点音源　point sound source，point source

一般的なスピーカは点音源で、球面波として音が広がると見なされているが、実際には低音域だけが後方へ回り込み全指向性になり、中・高域になると徐々に指向性が狭くなる性質を持っている。

図8–14は、口径20cmスピーカの周波数の違いによる指向性である。125Hz以下は無指向性になる。口径が大きいほど、周波数が高いほど指向性は狭くなる。また、図8–15は距離減衰を表したもので、距離が2倍になると音の強さは6dB減衰する。

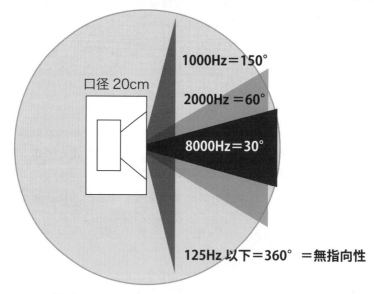

図8–14《点音源スピーカシステムの周波数の違いによる指向角度》

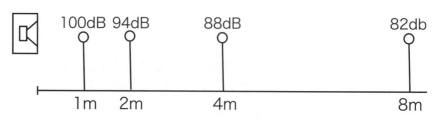

図8–15《点音源スピーカシステムの距離減衰》

② 線音源　line sound source,　line source

スピーカユニットをいくつも縦に並べると、縦方向には音が広がらなくなる。これを線音源と呼び、この音波を円筒波という。円筒波の距離減衰は、距離が 2 倍になると音の強さは 3dB 減衰する。

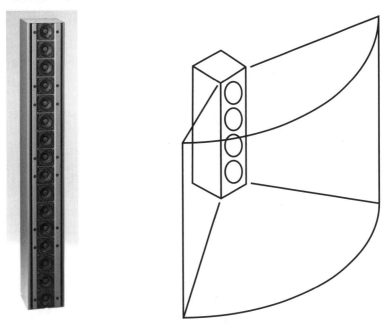

図 8–16《線音源のスピーカシステム（左）と線音源スピーカシステムの指向特性》

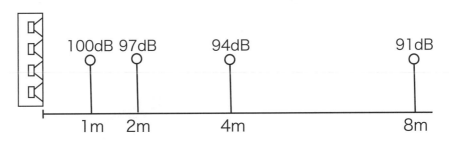

図 8–17《線音源スピーカシステムの距離減衰》

7. 録音再生機器

舞踊や演劇などでは、音楽や効果音などを録音して使用することが多い。現在でもカセットテープや CD を使用しているが、DAW（Digital Audio Workstation の略）ソフトなどで録音をしてデジタル記録媒体（HDD・SSD・SD メモリカード・USB メモリなど）に保存することが多くなっている。

また、SD メモリカードや USB メモリなどに対応した録音再生機などもある。

貸劇場における録音依頼は、CD や USB メモリへの要望が多く、USB メモリの場合はトラブル予防のため、新規購入品に限定すべきである。

図 8-18《SD 録音再生機　TASCAM 製》

8. マイクスタンド

音源（楽器など、音を発生するもの）に向けてマイクを立てるときは、マイクスタンドを使用する。

音を発生する部分の高さや位置によって、スタンドの形状を選んで使用する。

次のものが一般的である。

図8-19《ブームスタンド（左）と床上スタンド / フロアスタンド（右)》

図8-20《卓上スタンド / テーブルスタンド》

9. 音響機器の接続

図8-21は、多くのマイクを使用するときのアナログ回線による配線方法で、マイクケーブルを数本まとめたマルチケーブル（スネーク）を使用する。

劇場の音響設備は、音響調整室やパワーアンプ室内に、また主なスピーカやコネクタボックスなどは定位置に固定して設置されている。つまり、舞台袖のコネクタ盤から音響調整室までのマイク回線、調整室からパワーアンプ室までの回線、パワーアンプから舞台のスピーカシステムまたはスピーカのコネクタボックスまでの回線は固定設置され

ている。したがって、マイクを舞台上のコネクタ盤に繋げば、調整室のコネクタ盤を経由して音響調整卓に接続できるし、移動型スピーカも舞台上のコネクタボックス内のコネクタに繋げば、パワーアンプに接続される。

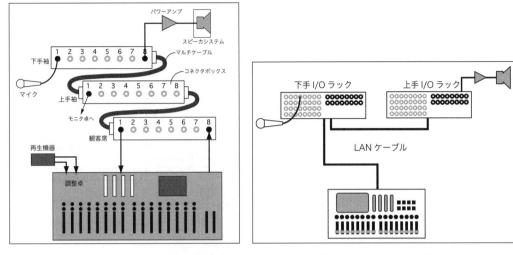

図 8–21《仮設のアナログ回線（左）とデジタル回線（右）の例》

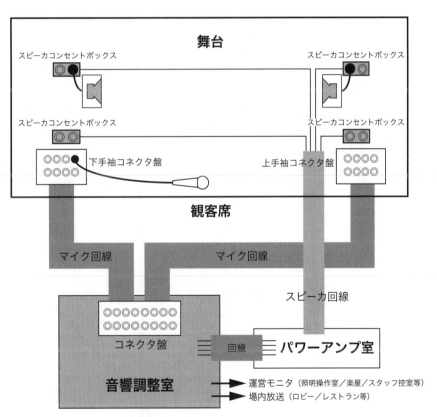

図 8–22《劇場の既存アナログ音響回線の概略図例》

規模にもよるが、少人数で運営する劇場では、舞台袖に簡易音響装置（場合によっては照明装置も）が設けられ、舞台スタッフが操作を兼務することもある。

外来音響のためのブースを設けて、仮設装置のための電源や回線を設備している施設もある。

マルチケーブルはデジタル方式のものもある。また、Dante などのネットワークオーディオ回線を介せば、さまざまなデジタル機器を接続することも可能である。

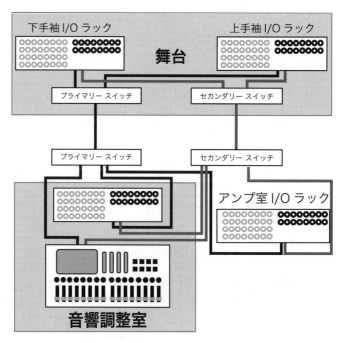

図 8-23《劇場の既存デジタル音響回線の概略図例》

通常は、不意のトラブルを防ぐためにリダンダントシステム（redundant system ＝冗長化装置）を用いて、本回線（primary）だけでなく予備回線（secondary）を設けて、本回線に不具合が生じた場合に自動で予備回線に切り替わるようにしている。このため最低２回線が必要であるが、更なる予備回線を加えて合計３回線を常設すべきである。ネットワークオーディオ回線に改修した場合は、アナログ回線を撤去せずに予備として残しておくことも得策である。

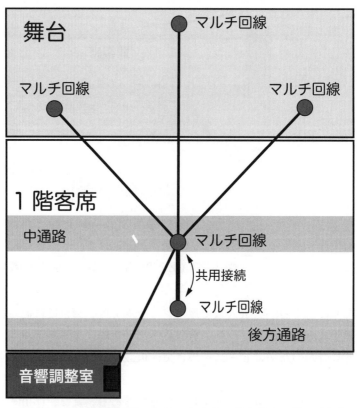

図 8-24《仮設音響装置のための客席内の基本的な回線設置例》

第 6 項　劇場のスピーカ設備

図 8-25、図 8-26 は、劇場の標準的なスピーカ設備の配置図である。

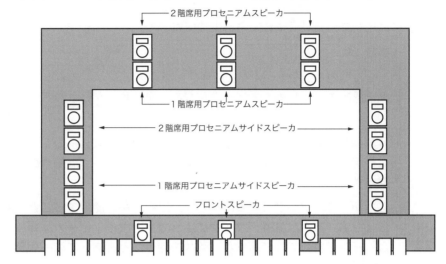

図 8-25《観客席から見た劇場の標準的なスピーカ設備の配置例》

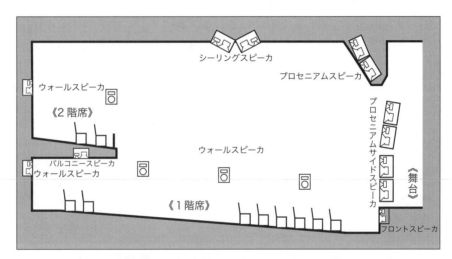

図 8-26《側面から見た劇場の標準的なスピーカ設備の配置例》

1. プロセニアムスピーカとプロセニアムサイドスピーカ

プロセニアムの中に設置したプロセニアムスピーカとプロセニアムサイドスピーカは目立たず、観客席全体を均等な音圧・音質にすることを目的に設計されている。

二階席のある劇場では、それぞれに二階席に向けたスピーカを設けている。

プロセニアムサイドスピーカは、単にサイドスピーカまたはカラムスピーカともいう。

2. シーリングスピーカとウォールスピーカ

主に効果音の再生に使用されるもので、演劇の上演を目的としない施設には不要である。

3. フロントスピーカ（ステージフロントスピーカ）

効果音再生にも用いるが、観客席前部の観客向けの SR にも用いられる。

4. バルコニースピーカ（アンダーバルコニースピーカ）

バルコニーの下はプロセニアムスピーカなどからの音が弱くなるので、遅延させた音で補助するために用いられる。

5. 移動型スピーカ

舞台上の必要な場所に設置する移動型の「仕込みスピーカ」「ステージスピーカ」「移動スピーカ」などと呼ばれるものであり、ホリゾントの背後、袖幕の陰、大道具の陰などに仕込んで、効果音や音楽の再生に使用する。

6. その他

ロビーに場内放送や BGM などを流すためのスピーカ、スタッフ控室や楽屋に流す進行状況を把握するのためのスピーカがある。運営系とも称される。

> *舞踊音楽を再生するときは、ホリゾント背後のスピーカをメインスピーカとして使用することもあり、袖幕の陰に仮設したスピーカは演者のモニター用として使用することもある。*
>
> *したがって、プロセニアムのスピーカは補助的に使用することもあるので、演目によって、または音響デザインによって主となるスピーカは異なる。また名称は、それぞれの業界で異なり、略語を使うこともあって統一は困難である。*

第 7 項 仕込み図の読み方

仕込み図に定められたものはないが、誰でも一目で分かるように作成すべきである。図 8-27、8-28 は日本音響家協会が考案した仕込み図の記号（シンボル）である。

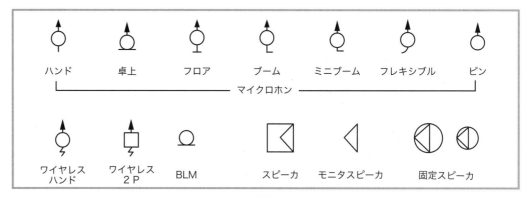

図 8-27《配置図用記号》

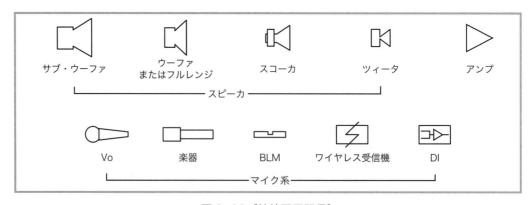

図 8-28《結線図用記号》

第 8 項 マイクの仕込み方法

1. スタンドにマイクホルダを取り付ける方法（ブームスタンドの場合）

   ① マイクホルダを取り付けるバーのネジを緩めて、バーを指で回転させながらホルダを取り付ける方法がある。

② ホルダを付けたら、各所のネジの締まり具合を確認して緩みがあれば、しっかりと締める。

③ ホルダにマイクを装着するときは、必要に応じて抜き差しがスムーズにできるように、ケーブルコネクタの「ロック解除ボタン」が上になるように差し込む。

④ ポールの下部が床に付いていないかを確認する。床に付いていると床振動がマイクに伝わってしまうからである。

2. スタンドの転倒を防ぐために

ケーブルはきれいに処理して、スタンドの足の下をくぐらせるか、スタンドに付いているケーブルクランプで留める。

3. ケーブル処理

スタンドからコネクタボックスまで、ケーブルは整然と配線する。

4. 誘導ノイズを拾わない

電源ケーブルや照明用ケーブルに近づけない、または交差させない。

5. 粘着テープ

必要に応じて粘着テープを貼るが、粘着テープは適度な大きさにして、片隅を内側に折って貼ると剥がしやすい。

6. 音質変換スイッチ

デザイナまたはオペレータの指示により設定する。

7. コンデンサマイクの電源と保管

コンデンサマイクを作動させるためには電源が必要なので、「乾電池」または「ファンタム電源」を使用する。

コンデンサマイクは湿気に弱いので、デシケータ（乾燥保管器）で保管するとよい。

8. 指向性

指向性を確認して、マイクを正しい方向に向けて設置する。

9. マイクを置く位置

マイクを床へ直に置いてはならない。また、埃の多い場所や湿気の多い場所に放置しない。

10. 気遣いして設置

観客席から見てきれいに、出演者の邪魔にならないように設置する。

客席でオペレーションするときは、電源が落ちるトラブルがないように電源プラグと電源ケーブルを養生する。

第 9 項　マイクチェック

マイクチェックは、「マイクが仕込み図どおりに繋がっているか」「マイクが壊れていないか」「ノイズが入り込んでいないか」「どの程度大きくするとハウリングするか」を確認することである。

【A】　手順

A.1. 回線チェック

指先で擦る（ガリる）。これは、しゃべりを少なくできるので他の部門の仕込み中に有効である。また、本番中の回線チェックは、回線が正しく繋がっているかだけのチェックなので、この方法でよい。

A.2. 音質チェック

「one,two,three,four」などと通常の声でしゃべる。邦楽などの上演の場合は、「本日は晴天なり」と古風な言葉で行うのもよい。

A.3. 誘導ノイズとハウリングレベルチェック

無音でチェックするので、静かな環境で行う。ただし、これは1本ごとのチェックであって、すべてのマイクを活かしたときはハウリングしやすくなる。

A.4. 声によるチェックは同一人物で、マイクとの距離は一定で実施

あらかじめレベル設定なども行うので、音量と音質を同一状態にするため同一人物の声で一定の距離によるチェックが望ましい。

【B】 音響機材の撤収

音響機材を撤収するときは、できるだけ舞台装置や照明が撤収する前に行うようにする。理由は舞台装置の上にマイクが乗っていたり、照明のバトンが下りてくる位置にマイクやスピーカが設置してあったりするからで、それらを片づけないと舞台装置や照明の作業の邪魔になるからである。特にマイクは壊れやすく紛失しやすいので、すばやく撤収すべきである。

また、大音量でスピーカを鳴らしたときは、終演後にスピーカのチェックを行い、異常の有無を確認して次の公演に備える。長いマイクケーブルやスピーカケーブルは「8の字」に巻き取り、長さ別に整理保管する。

第10項 フェーダテクニック

オペレータは、芝居心を持ち備えていなければならない。芝居心とは「芝居を演ずる心構え」で、俳優と一緒に演技をする気持ちが求められる。したがって、劇中の舞台監督からのキュー（合図）は不要である。

フェーダテクニックとは、音響調整卓の使い方や、フェーダを滑らかに動かすことではなく、フェーダを操作することで音に演技をさせることである。オペレータが俳優の演技に合わせてフェーダを操作して音に演技をさせると、音の効き目が出てくる。これは台詞や演技に応じて音量を上げたり下げたりする操作のことで「活け殺し」という。

図8-29は音響のさまざまなフェーダテクニックである。

これらの手法で、さまざまな表現ができる。❖

フェード・イン	fade in	F.I	次第にはっきりする
フェード・アウト	fade out	F.O	次第に消える
スニーク・イン	sneak in	S.I	いつのまにか聞こえている
スニーク・アウト	sneak out	S.O	いつのまにか聞こえなくなっている
カット・イン	cut in	C.I	突然、音が入る
カット・アウト	cut out	C.O	突然、音が消える
クロス・フェード	cross fade	C.F	別な音にすり替える
フェードアップ	fade up	F.U	出ている音を強める（活け殺しの手法）
フェードダウン	fade down	F.D	出ている音を弱める（活け殺しの手法）

図8-29《フェーダテクニックのいろいろ》

音に演技をさせて悲しい場面、嬉しい場面、滑稽な場面などが創れる。観客を泣かせたり、笑わせたり、心地よくしたり、感動させたりするのも音響の力である。

第 9 章

映像,配信,連絡装置

　劇場における映像業務は、上演の様子を各部署に見せるためのものであったり、公演動画を録ったり、またはセミナーや講演のときにパワーポイントの画像を投影したり、演劇等で背景を投影するなど、さまざまな形がある。

　一方、ネット配信はセミナーやWeb会議、上演をライブ配信したり、収録した動画をYouTubeなどで公開したりする。

　劇場では、上演中のスタッフ同士のコミュニケーションは重要で、通話が途切れると事故に繋がることもある。互いに身振りや声で連絡しあうが、特に離れた場所の連絡は音声によることになる。そのために電気的装置を使用するが、的確に、遅延せずに合図できなければならない。

　配信については、劇場技術者の範疇で実施する簡易な内容とした。

第1部 映像

第1項 モニタと収録

1. 全館映像モニタと音声モニタ

　楽屋・舞台事務室・スタッフ控室などで見る映像モニタでは、舞台全体を正面から写した映像が一般的である。デジタルのカメラや受像機によるレイテンシー（遅延）は、それほど問題とはならない。

　しかし、放送電波の空きチャンネルを利用するヘッドエンド方式は、地上デジタル放送方式になってからはレイテンシー（2〜5秒）の問題があるので、現在は専用ケーブルを用いて送信している。

　演劇公演の多い劇場の照明操作室や音響調整室では、舞台転換の進行具合も見たいので、転換中の映像に切り替えられるようにしてある。

　これらは、進行状態を把握するための映像であって、必ずしも音声を必要としないので、音声は別途回線で送り音量レベルの調整ができるようにしてあることが多い。ただし、運営モニタのための音声収音マイクの設置は目立たないようにする工夫が必要なので、さまざまな施設の例を紹介する。

　音声の収音は、劇場の構造によって異なるが、マイクが視覚的に観客の邪魔にならないように、そして常設できるようにしなければならない。

　以下は、いくつかの劇場の運営モニタとエアモニタのマイクの設置方法である。

※金沢歌劇座

　運営用マイクとして、プロセニアムアーチの舞台寄り中央に、常設の無指向性マイクを1本埋め込んでいる。

　音響オペレーション用のエアモニタのマイクは別途、客席後方に設置している。

図9-1《金沢歌劇座の運営モニタマイクの設置位置　写真提供：金沢歌劇座》

※びわ湖ホール

　オペラの場合は、照明と字幕のため舞台端に設置したバウンダリーマイク（Boundary Layer Microphone ＝ BLM）の PCC-160 の音量を大きめに、オーケストラはピットのフェンスに付けた SCHOEPS・BLM3 による収音をミックスしている。

　ストレートプレイでは、舞台上下に PCC-160 を置いて台詞を収音している。

　クラシックコンサートでは、3 点吊りマイクを使用、セレモニー等はセレモニー用マイクと客席バルコニー常設のエアモニタマイクをミックスしている。

※さいたま芸術劇場

　大ホールは、客席バルコニー常設のエアモニタ用ガンマイクの L・R と、プロセニアムアーチ上下の柱の裏側上部のガンマイクをミックスしている。

　小ホールは、客席や舞台の大きさが変化するため、エアモニタ用として客席後方のギャラリと客席上空のブリッジにガンマイクを常設し、音響卓からの出力とミックスして、照明と楽屋に送出している。

　音楽ホールは、オープン形式のため、客席後方のギャラリの常設エアモニタマイクと、第 1 シーリングのガンマイクをミックスしている。録音依頼のときは、3 点吊り装置に吊った録音用ステレオマイクを使用している。

※国立劇場

　大劇場は、フットライトの中に 5 本の単一指向性マイクを設置し、第 1、第 2、第 3 のフライブリッジにそれぞれ 3 本（合計 9 本）のガンマイクを常設し、運営モニタのオペレータがミクシングしている。エアモニタは、2 階席観客の視野を遮る 3 点吊り装置を格納式に改修し、第 1 シーリングに MS ステレオマイクを設置して収音している。

　小劇場は、第 1 フライブリッジに 3 本、第 2 バトンに 3 本、第 4 フライブリッジに 3 本のガンマイクを常設し、エアモニタは 2 階席がないので 3 点吊りを使用している。

※兵庫県立芸術文化センター

　大ホールは、2 階席正面バルコニー先端に無指向性マイク 2 本と、第 1 シーリング前にガンマイクを 2 本設置しミックスしている。いずれもステレオ収音である。

　中ホールは生の台詞を考慮し、2 階席正面バルコニー先端のガンマイク 2 本と第 1 シーリング前のガンマイク 2 本、客席前方・壁際上下フロントにもガンマイクを設置。

　小ホールは生演奏の収録を考慮し、舞台天井から 2 本の無指向性超小型マイクを吊り下げ、客席正面後方の壁に 2 本のガンマイクを設置している。

　いずれも、必要に応じて音響調整卓のライン出力とミックスしている。

2. 調光操作室・音響調整室・舞台監督卓・舞台機構操作卓用の映像モニタ

　調光操作室や音響調整室には、舞台正面だけでなく、幕が下りている状態の舞台転換の映像も必要である。舞台監督卓や舞台機構操作卓には、正面固定のカメラ以外にパン・チルト・ズームをリモートコントロールできるカメラも必要になる。

　オペラなどでは、指揮者の正面映像を舞台袖等の受像機（テレビモニタ）に映す必要がある。演者だけでなく、舞台袖で歌うコーラス隊（バンダ）や効果音担当者なども利用する。この映像は、指揮者の指揮棒がキッカケとなるのでデジタル機器によるレイテンシーが生じるものは避けなければならない。

　デジタル方式のカメラやモニタはレイテンシーを生じるが、音声は 3 ミリ秒程度、映像は 2 フレーム程度の遅れであれば気にならない。図 9-2 の長所から HD-SDI 以上の方式による伝送がよいとされている。

　ただし、カメラとモニタの間に映像コンバータなどを挿入すると遅れが目立つようになるので、オペラの指揮者映像は直接接続するのがよい。

アナログ伝送では遅延を発生しないが、アナログ出力を持つカメラであっても、内部でデジタル処理しているものが多く、出力でDA変換をすることにより遅延が発生するので注意すべきである。

IP方式による伝送は、PoE（Power over Ethernet）によりLANケーブル1本だけでカメラコントロールだけでなく電源供給まで行えるので、楽屋や事務所等の監視カメラとしては有効である。PoEとは、LANケーブルを用いて電力を供給する技術のことである。

方式	長所	短所
アナログ伝送	ケーブルが安価（同軸） 長距離伝送可能 遅延が無い	低画質
デジタル伝送 （HDMI方式）	高画質 対応機器が多く安価	ケーブルが高価 伝送距離が短い HD-SDIより遅延時間が長い
デジタル伝送 （HD-SDI方式）	ケーブルが安価（同軸） 伝送距離が長い 遅延時間が短い 高画質	対応機器が高額
デジタル伝送 （IP方式）	ケーブルが安価（CAT-5eまたは6A等） 長距離伝送可能 高画質	遅延時間が長い

図9-2《映像伝送の比較》

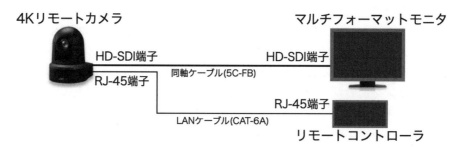

図9-3《指揮者用カメラの接続例》

3. 上演を記録するための映像収録

観客席の後方に設置したカメラが高画質であれば、その映像を記録してもよいが、複数のカメラを切り替えての収録は専門業者に委託するのがよい。

同一カメラを2台並べて常設し、1台を固定の運営モニタ用にして、もう1台をリモートコントロールしてクローズアップ用にすれば収録に利用できる。これならば、劇場技術スタッフでも収録できる。

図9-4《パン・チルト・ズームのリモコン操作機能があるHD--SDIカメラ　AW-UE50K》

第2項　映像表示機器

映像表示機器は、さまざまな利用方法が編み出されコンサートからオペラまで広範な
ジャンルで使用されるようになった。

1. 映像表示機器の種類

映像の表示方法には機器自ら発光する「自照式」と「投影式」がある。

自照式は、液晶パネルや有機ELパネル、LEDによる大型のスクリーンなどである。長
所は明るさで、短所はコスト高である。

投影式は、プロジェクタを用いる。映画館の多くは映写機からプロジェクタに移行して
いる。長所はコストが低いことと、設置場所やレンズの選択により、さまざまな画面サイ
ズに対応できることである。短所は会場の明るさの影響を受けることである。

2. 解像度

画面解像度は、表示する画素（ピクセルまたはドットともいう）数のことで、大きいほ
ど鮮明に、そして多くの情報を表示できる。1920×1080というように横と縦の画素数
で表す。ヨコとタテの比なので、タテヨコ比ということが多い。画面の横と縦の長さの
比をアスペクト比という。コンピュータの場合、画素の横と縦の長さが等しい正方画素
なので、画素数の比がアスペスト比と等しくなる。

アスペクト比が4：3のVGA（640×480）やXGA（1024×768）、あるいは16：10の
WXGA（1280×800）のほか、現在の主流は16：9のフルHD（1920×1080）あるい
は16：10のWUXGA（1920×1200）である。さらに4K（3840×2160）や8K
（7680×4320）がある。

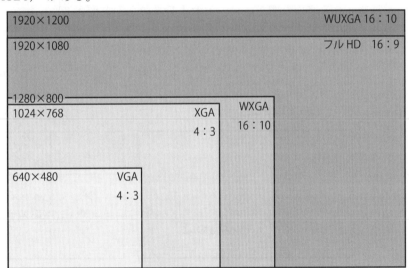

図9-5《解像度》

3. プロジェクタの表示方式

プロジェクタの表示素子には「LCD（液晶）」と「DLP」がある。

LCDは、三原色の透過型液晶パネルそれぞれに光を透過させて、それを合成して投影す
るもので（3板式）、くっきりした映像が出せるのでビジネスのプレゼンテーションに
向いている一方で、格子のドットが目立ちやすい、真っ黒にはならないなどの短所があ
る。また、同じ液晶パネルでも反射型パネルを使った「LCOS方式」があり、LCDより
もドットが目立たなくなるので高級機種に採用されている。

DLPは、DMDという表示素子に画像素子分の小さなミラーを配置し、光源の光をその
ミラーの方向を変えることにより映像を作り出す方式で、滑らかで明るい映像になり、
締まった黒を再現できるので、映画館などで多く採用されている。なお、映画館などで
使われる高級機では3原色それぞれのDMDを使っているため（3板式）、高価になる

145

ことから、普及機では1つのDMDにカラーホイールで色を分離して光を当てて映像を合成している（単板式）。そのために早い動きの映像では色ずれを起こす。

4. 明るさ

明るさの単位は「lm（ルーメン）」である。光源から放たれる光は放射状に伸び、その無数の線が集まった集合体である「光束」の量を測定したもので、数値の大きさで明るさを示す。

明るさの単位に「lx（ルクス）」もあり「照度」と呼ばれる。光に照らされたところの明るさで、光源から近い方が明るく、遠くなると暗くなる。

また「cd（カンデラ）」という単位があり「光度」と呼ばれる。ルーメンが全方位の光束量を示すのに対し、カンデラは一方向への光束量を示す。

プロジェクタの明るさの表記方法は、真ん中の1点のみを表した「センタールーメン」、そして投影面をタテヨコ3分割、計9分割した平均から算出したものを「ANSIルーメン」といい、プロジェクタの明るさを見る上で、より実効性の高い表記方法である。

また、明るさの測定方法に「全白（有効光束）」と「カラー光束」がある。「全白」は、白100%投影時の明るさで、以前はこの方法で測定されたものを表記していた。「カラー光束」は、三原色を投影したときのもので、より現実に近い表記として最近ではこの表記、あるいは「全白」と併記することが多くなっている。

「ルーメン」という数値だけを見るのではなく、その仕様を正しく読む必要がある。なお、JIS X 6911にプロジェクタの仕様表記方法が規定されていて国内メーカーはほぼこれに従って仕様を表記している。

推奨される必要な明るさは、おおよそ次のとおりである。

① 80インチ：明るいところで2500lm、暗いところで1500lm
② 100インチ：明るいところで3500lm、暗いところで2000lm
③ 150インチ：明るいところで5500lm、暗いところで3500lm

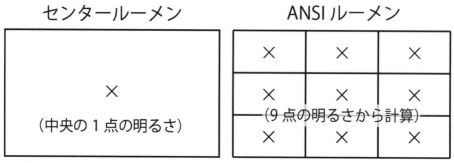

図9-6《センタールーメンとANSIルーメン》

5. 機器設置位置

プロジェクタの設置は通常、スクリーンの手前からで、劇場などでは投影室または調整室からである。必要なスクリーンサイズに応じて、スクリーンとプロジェクタの距離により適合するレンズを選ぶ必要がある。レンズが固定されている機種の場合は、設置場所が限定される。

図9-7のaのように観客席から仮設で投影する場合、スクリーン前に演者がいる場合は演者と被らないようにプロジェクタの高さを考慮しなければならない。セミナーや講演会ならば、スピーチ位置を左右にずらすこともある。この場合、下方から投映するので投影画面は上が広く下が狭くなるので「台形補正」を行うことになるが、自動で調整できる機種もある。

図9-7のbは、客席後方の投映室などにプロジェクタを設置した場合である。この場合は、スクリーンまでの距離に適合したレンズを使用する。

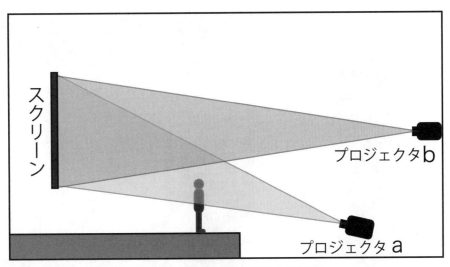

図 9–7 《観客席側から投影する場合》

その他、図 9-8 のように、スクリーン直前に設置できる超短焦点の機種や、スクリーンの裏から投影する機種がある。

また、図 9-9 のようにスクリーンの裏からの投影には、光を透過させるリアスクリーンを使用する。

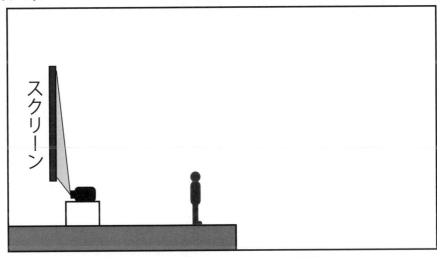

図 9–8 《スクリーンの真下から投影》

図 9–9 《スクリーンの後ろから投影》

図 9–10《オペラの背景投影　写真提供：びわ湖ホール》

この写真は、リアスクリーンにオペラの背景を投影し、画角等を調整している様子である。20,000ANSI ルーメンの DLP プロジェクタを移動小迫りに乗せている。

6. 光源

プロジェクタの光源は、水銀ランプ（UHE）、LED、レーザーがある。

水銀ランプは、安価であるが 2000〜5000 時間で交換が必要で、発熱が多く、電力消費も高めである。

また、使用時間に応じて徐々に暗くなり、おおよそ新品の半分の明るさに低下した時点がランプの寿命と指定されている。

LED は、電力消費も発熱も少なく、寿命も長く、ランプ交換もほとんど不要であるが、あまり明るくすることができないので、コンパクトタイプに使われている。

レーザーは、かなり明るいが高価なことから、大型機での採用が主である。水銀ランプに比べて電力消費が少なく寿命も長いことから、LED と共に普及が進んでいる。

第 3 項　映像機器の接続ケーブル

1. コンピュータとの接続

通常使用されるコンピュータは、Windows や Mac のノートパソコンである。

Windows には、RGB と HDMI の端子が搭載されているものが多い。

Mac には、Thunderbolt 2（Mini DisplayPort と同じコネクタ形状）が、最新の機種は Thunderbolt 3（USB-C と同じコネクタを採用して USB-C との兼用が可能）になっていて、いずれも変換ケーブルや変換ボックスで RGB や HDMI に変換してプロジェクタに接続できる。

なお、プロジェクタの RGB 端子を「computer」と表示している機種もある。

セミナーなどでは、ほとんどの講師が使い慣れたノートパソコンを持参するので、接続について細部にわたって事前の打ち合わせをしておく必要がある。

図9–11《ノートパソコンの USB-C 端子（左）と接続コネクタ（右）》

① ＲＧＢ（VGA）

一般的に使われているアナログ信号伝送方式である。

コネクタには主に「D-Sub 15pin」が用いられている。RGB の色信号と同時に信号同期のための制御信号などが伝送される。ＶＧＡ（Video Graphics Array）とも称している。

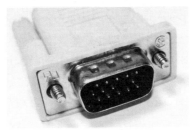

図9–12《VGA コネクタ（左）と HDMI コネクタのタイプＡ（右）》

② ＨＤＭＩ（High-Definition Multimedia Interface）

デジタル映像だけでなく、音声と制御信号も１本のケーブルで伝送できるのが特徴である。コネクタは標準サイズ（タイプＡ）、ビデオカメラなどで使用されるミニ（タイプＣ）やマイクロ（タイプＤ）がある。

図 9-13 は HDMI ケーブルの種類と性能である。

カテゴリ１・スタンダードにある 1080i の「i」表示は、アナログテレビなどで使用していたデータ量を少なくするためのインターレーススキャン（interlaced scan ＝飛び越し走査）のことである。

「p」表示はインターレースをしない走査であるプログレッシブスキャン（progressive scan）のことである。

インターレースとは、画像や映像の記録、伝送、描画の方式の一つで、走査を一定間隔で飛び飛びに取り扱うことである。

カテゴリ	名称／バージョン	解像度	伝送速度
1	スタンダード 1.0 、1.1 、1.2	1080i 、720p	4.95Gbps
2	ハイスピード 1.3、1.4	4K/30Hz 1440p 、1080p 、720p	10.2Gbps
2	プレミアムハイスピード 2.0	8K/30Hz 、4K/60Hz 1440p 、1080p 、720p	18Gbps
3	ウルトラハイスピード 21、21a	8K/60Hz、4K/120Hz 、4K/60Hz 1440p 、1080p 、720p	48Gbps

＊4K と 8K の Hz 表示はリフレッシュレートのこと

図 9-13《HDMI ケーブルの種類と性能》

*フレームレート (frame rate)は、動画において、単位時間あたりに処理させるフレーム（コマ）の数（静止画像数）を示す、頻度の数値である。1秒あたりの数値で表し、fps（frames per second）という単位で表す。

*リフレッシュレート（refresh rate）とは、単位時間あたりどれだけリフレッシュ（走査や書換え）するかという値である。Hz（hertz）を単位として、1秒間にリフレッシュする回数を表す。

なお、フレームレートとリフレッシュレートは、必ずしも同一の値を示すものではない。

* HDCP について

HDMI にはコンテンツのコピー防止のために、HDCP（High-bandwidth Digital Content Protection）と呼ばれる暗号化技術が使われている。

このため、DVD プレーヤなどの再生機器をプロジェクタに直接接続すれば問題ないが、HDCP 非対応の切替え機器や変換アダプタ、ケーブルなどを介すと、再生機器側が映像の出力を止めてしまうので注意しなければならない。

市販の DVD などのコンテンツは家庭で鑑賞するには規制はないが、劇場などで公開するには無料であっても制作者の許可を得なければならない。

* EDID について

EDID（Extended Display Identification Data）とは、コンピュータやディスプレイなどの機器間で表示解像度などの動作設定に関する情報を交換するための標準データ形式である。

コンピュータ内部のビデオ機能とディスプレイ機器には、それぞれ対応可能な表示画面の画素数や同期周波数などが決まっていて、両者の動作モードを揃えなければ適切に表示することができない。

かつては利用者が設定していたが、EDID 対応機器ではディスプレイケーブルを通じて自動的にこれらの情報を交換し、使用可能なモードの選択肢が利用者に提示される。

2. ビデオ機器との接続

過去の一般用プロジェクタには、さまざまな端子が付いていたが、現在は HDMI と D-sub 15pin（アナログの RGB ＝ VGA）が定番になっている。

業務用は、HD-SDI 用の BNC や DVI の端子が搭載されている。HD-SDI はハイビジョン信号に対応したビデオ信号規格である。

D-sub 9pin を搭載した機種もあるが、これはリモートコントロール信号用である。

① ＳＤＩ端子（Serial Digital Interface）

形状はアナログの 75Ω 用ＢＮＣコネクタと同一であり、ケーブルも 75Ω の同軸ケーブル（5C-FB など）を使用できる。

デジタル映像だけでなく、多チャンネルのデジタル音声も 1 本のケーブルで伝送できる。

ただし、著作権保護信号の伝送には対応していない。

1）SD-SDI：480i と 525i に対応。音声は最大で 8ch。
2）HD-SDI：1125i と 1080p、750p に対応。音声は最大で 16ch。
3）3G-SDI：1080p に対応。
4）12G-SDI：4K に対応。ケーブルとコネクタは専用品が必要。

図 9-14《HD-SDI ケーブル用コネクタ》

② ＤＶＩ端子（Digital Visual Interface）

この方式には次の形状があり、扱う信号が異なる。この他にアナログ専用がある。

1) DVI-I … 扱う信号はデジタル信号とアナログ信号兼用で、VGA への変換ができる。

2) DVI-D … 扱う信号はデジタル信号のみなので、VGA への変換はできない。

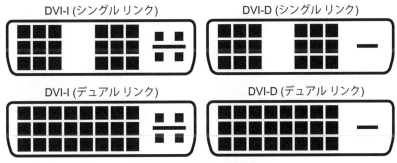

図 9-15《DVI 端子各種》

DVI-I と DVI-D にはデュアルリンクとシングルリンクがあり、デュアルリンクは多くの情報の伝送を行うことができる。デュアルリンクが必要となるのは、WQXGA (2560 × 1600 ドットの解像度) を使用するときである。

一般的な使用（フル HD 解像度の 1920 × 1080）では、シングルリンクで問題ない。

3. HDMI の使用可能なケーブルの長さ

推奨値は 3 m であるがメーカーによって異なり、最近では伝送距離が長いケーブルも作られている。10m 以上のケーブルには、コネクタなどに信号を増幅させるアクティブイコライザが内蔵されているため、プロジェクタ接続側のコネクタに「display」などと書かれており、信号の方向が決められているので、接続を間違わないようにする。長尺ケーブルは、一般的に太いケーブルを使用しているので機器側の端子を破損させないように注意が必要である。

HDMI の規格では、映像や音声を送り出す側の機器（ソース機器）から 5V/55mA 以上の電力が供給されている。そのため出力機種やアクティブケーブルによっては、電力不足に陥り、それが原因で映像の寸断などを起こすことがある。

ケーブルの伝送距離は、ケーブルの性能（材質など）で決められているので、5m と 10m を繋いで 15m にして使用するなど、短いケーブルを接続して延長するのは危険である。

4. HDBaseT の伝送規格

この方式は、カテゴリー 5e 以上の LAN ケーブルを使用して最大 100m の伝送が可能である。1 本のケーブルで無圧縮の高解像度映像・音声・電源・イーサネット・USB・制御信号などを伝送でき、HDBaseT の端子が付いたプロジェクタもある。また、HDCP にも対応している。

5. 電球の交換時期

次のことを考慮して早めに交換する。

① メーカーによる推奨交換時期の 8 割程度で交換する。

② 大型のプロジェクタの場合は、大抵 2〜4 灯式のものが多く、その中で 1 灯切れても使用可能であるが明るさは極端に落ちる。そのため、この時点で全灯同時に交換すべきである。

③ 見た目で暗くなってきたら交換する。新品の約半分の明るさまで落ちた状態がメーカーによる推奨交換時期となる。❖

第2部 配信

LANとWANの違いを簡潔にいうと、LANとは「Local Area Network」の略語で、「構内情報通信網」のことである。つまり、限られた範囲（同一構内）のネットワークのことで、LANの構築は通常、自分たちで行う。

WANとは「Wide Area Network」の略語で、「広域情報通信網」のことである。広い範囲のネットワークのことを指し、いわゆるインターネットである。複数のLANの集合体とも言える。WANの構築は、通信事業者（プロバイダ）が行うので、プロバイダと契約をすることで、WANへのアクセスが可能になる。

LANとWANの機構を活用するのが「オンライン配信」で、「ネット配信」や「Web配信」などともいう。

ここでは、劇場などの技術スタッフによるオンライン配信を想定した内容について記述する。

第1項　最初にすること

オンライン配信をするには、制作責任者の下、次のことを決めることから始める。

1. 配信する内容

   セミナー、トークショー、ライブエンターテイメントなどの違いにより、各イベントのコンテンツ権利関係の所在と責任者の有無を確認し、次のことを決めて経費を算出する。

   ① イベント公開と同時に配信するハイブリッド形式
   ② イベント終了後に配信するアーカイブ形式
   ③ 一方的な配信または視聴者の発言可能な双方向形式

2. 対象人数

   視聴者の人数を制限するか、無制限にするかを決める。人数を制限するときは何人にするかを想定する。ZoomやWebexなど、Web会議システムを使用する場合は、契約上の制限がある。

3. 視聴者および参加者の制限

   有料または無料の違いで配信方法が異なる。YouTubeは無料配信に限られるが、限定公開はできる。しかし、URLを拡散されてしまうと厳密な視聴制限は難しい。

   会議システムは、参加者を表示できるので、参加者を監視できる。厳密な有料配信をする場合は、映像配信サービスを利用する。

4. 配信の考え方

   ① どのように制作するかが重要である。柔軟な配信対応が必要で、視聴者が何を求めてどのような配信を見たいかを考えて制作することが重要である。貸館事業では、主催者に費用面の負担にならないような低価格で配信できるサービスを考えるべきである。例えば、客席にカメラを1台だけ設置して、舞台を客席から見た視野角で提供することも必要である。
   ② 配信を見ている立場で構成を考えないと、途中で切られてしまうことがある。受信環境としては、スマートフォンや通信環境の悪い場所で視聴しているお客様もいることを前提に、画質を落として容量を軽くした配信も必要である。時々受信できなくてストレスにならないような対応も配信する側は考えなければならない。
   ③ 古い考えを引きずらないで、新たな視点を取り入れたコンテンツ、手法が求められる。テレビのように「横型」の画面で見る画角で素材を作るのではなく、最近ではスマホで視聴されていることも前提に「縦型」で画面を作ることも考慮すべきである。

④ ネット配信はコロナ終息後も、劇場に足を向けてもらうための手法のひとつとして活用できる。芸能は生で鑑賞していただくのが一番ではあるが、諸事情で劇場まで来られない方もいるので、その方々への配信は後の観客動員に繋がる。

⑤ 劇場利用者からテレビ的な映像・音声を求められるが、劇場からの配信は観客席で観ている感覚を大切にすべきである。必要以上に画面を切り替えたりすることは、制作者の個人的な感性による作品に仕上がる危険性がある。このことを丁寧に説明して理解していただくことも、制作者の役目である。

第2項 ネット配信の方法

1. Web 会議システムによるオンラインセミナー

最も簡単な方法は Zoom や Webex、Teams など Web 会議のアプリケーション（略してアプリ、application software ＝略記号は app）を使用することである。

図 9-16 はコンピュータを用いた接続例である。

この方法のよいところは、アンケートや録音などの機能が備わっていることと、ネットワークを通じて発表者と参加者が意思疎通できることである。

そして、使用するコンピュータにカメラやマイク、スピーカが備わっていれば配信が可能である。通信網を通過する情報の流れ（トラフィック）が混雑した場合でも、映像や音声は乱れるが切断されにくく、遅延も少ないのが特長である。会議システムなので、参加者の表情が見えて、相互の会話や参加者の特定も可能で、アンケートやチャットによる質問も可能である。

また、発表者は使用するコンピュータに PowerPoint や Keynote のようなアプリケーションを用いてプレゼンテーション資料や各種データ、動画などを提示しながら、またはホワイトボード画面に書きながら解説できる。

スイッチングハブは、ルータに接続できる LAN ポートが足りないときに、ポートを増やすための装置である。配信のときにモニタリング用パソコンを接続するなど、多くの機器を用いて通信を行うために欠かせない機器である。スイッチとも、ネットワークハブとも呼ばれている。

ルータ（router）はインターネット（WAN ＝ Wide Area Network）に接続するための機器である。また LAN とは Local Area Network の略記で、施設内に限定されたエリアで接続できるネットワークのことで、Ethernet（イーサネット）ともいう。

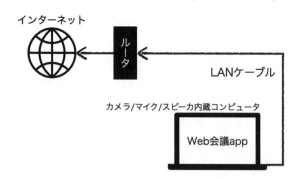

図 9-16《Web 会議アプリケーションを用いた配信》

2. YouTube などによる動画配信

動画配信プラットホームを使用すると、大勢の人に視聴して貰うことができ、チャンネルを開設して、コンテンツの追加・管理をすることができる。

YouTube などによる動画配信は、遅延があるので、双方向で進行するのは難しいが、同時に大勢の人が視聴でき、映像や音声の性能が Web 会議システムに比べて良好である。

視聴者の限定は難しく、不特定多数の視聴となる。URL を知っている人だけが視聴する限定公開もできるが、URL が拡散されてしまうこともあるので厳密な視聴制限は難しい。

動画配信には、リアルタイムで配信する「ライブ配信」と録画による「オンデマンド配信」がある。

リアルタイム配信は、オンデマンド配信と比べると通信や機材のトラブルなどのリスクは高いが、テレビの生放送と同様の雰囲気があり、臨場感がある。

第3項　使用機器

YouTube などへ配信するには、次のような機器が必要になる。

カメラは HDMI の出力のあるもの、または伝送距離が有利な HD-SDI 出力のある機器がよい。

映像ミキサーとも呼ばれる映像を切替えるスイッチャは、カメラ台数やパワーポイントなどの入力数などを考慮して選定する。

映像信号をコンピュータに取り込むキャプチャボードも必要である。

1. スイッチングハブ　Switching Hub
   スイッチングハブは、複数のコンピュータをネットワーク接続する際に使用する機器で、単にスイッチともいう。
   スイッチングハブには、ネットワークケーブルを接続する端子が複数備わっていて、各ポートとコンピュータとをケーブルで接続すると、スイッチングハブを介して、全てのコンピュータがネットワークに接続される。

2. ビデオキャプチャ
   カメラなどの映像信号（HDMI 信号など）をコンピュータに入力するための機器である。
   形状はデスクトップコンピュータ内に組み込むものと、外付けのものがある。

3. 配信用コンピュータ
   処理の遅いコンピュータを使用すると動画が途中で止まったり、コマ落ち（フレームを飛ばすこと＝瞬間停止）したりするので、高性能なコンピュータを使用する。
   また、トラブル回避のため、一般業務パソコンの使用や他の処理との併用を避け、配信などの専用のパソコンを使用することが肝心である。

4. 配信用アプリケーション
   アプリケーションは、無償で提供されている OBS Studio や有料の Wirecast、XSplit Broadcaster などがある。
   トランジション（画面切替え）やシーン設定など、さまざまな機能を有したものとなっている。

5. オーディオエンベデッダ
   映像信号に音声信号をミックスすることをエンベッドというが、それを行うコンバータである。
   その逆に、HDMI 信号や HD-SDI から音声信号を抜くことをディエンベデッドという。

6. スイッチャ
   図 9–17 はローランド社のスイッチャでビデオミキサとも呼ばれているもので、音声入力もあるので HDMI 信号に音声と映像を合成した信号を送出できる。
   この出力をキャプチャを介して配信用コンピュータに接続して OBS Studio などのアプリケーションを用いるか、またはエンコーダに接続して YouTube などに配信する。
   なお、ATEM Mini Pro なども同じであるが、入力されている映像を表示する外付けのプレビューモニタが必要である。

155

図 9–17《スイッチャ Roland 社 V-1HD（上）とプレビューモニタ（下）》

7. 一体化された機器

多くのスイッチャは、音声入力を備えているが、ローランド社製の VR-6HD は音声ミクシングボードと映像スイッチャが一体化されていて、AV ミキサーという。

音声の入力チャンネルごとにディレイ機能が搭載されていて、映像信号とのリップシンクに役立ち、マイクの入力端子は XLR に対応している。

リップシンクのために、これまでは単独のエフェクタやモジュールのディレイなどを使用していたが、この機器内に搭載されている。

また、プレビューモニタも内蔵されているので、仕込み時間も短縮できる。

静止画と動画コンテンツの再生機能も搭載しており、SDXC カードから直接動画コンテンツを再生できる。LAN 端子を備えているので直接ライブ配信ができる。

AUX バスを 2 系統搭載しており、配信用、会場用、マイナスワンのミックスなどが容易に組める。配信のために必要な機能のすべてが搭載されており、本体の画面を使って設定が可能である。

図 9–18《ミクシングボードが一体化されたスイッチャ Roland 社 VR-6HD》

ブラックマジックデザイン社の ATEM Mini Pro は、安価で機能豊富な機器である。
この機器は映像入力 HDMI×4・音声入力 miniTRS×2・録画も可能な USB-C 出力・
LAN 出力など、すべての機能が備わっていて、そのままネット配信できることから、
学校のリモート授業などで普及している。ATEM Mini Pro の機能を設定するコン
ピュータは、スイッチングハブに接続して使用する。
ATEM Mini Pro を使用して Webex や Zoom などの PC 画面をそのまま YouTube に配
信することもできる。ただし、音声回路がループ状態になって、聞こえなくなったりハ
ウリングしたりするトラブルもあるので注意が必要である。

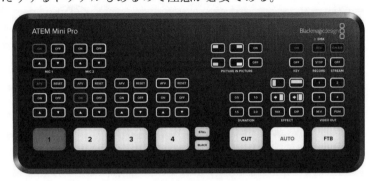

図 9-19《ATEM Mini Pro》

8. オンデマンド・コンテンツ制作の機器

ATEM Mini Pro ISO は、映像 4 入力を個別に直接収録でき、後編集が可能になるので
オンデマンド配信のための収録に適している。その他の機能は ATEM Mini Pro と変わ
らない。

映像 4 入力とプログラムアウトの合計 5 つの場面を同時に収録するので、非常に速い処
理速度の収録メディアが必要になる。したがって、収録メディアはハードディスクでは
なく高速の SSD（Solid State Drive）を使用するとよい。

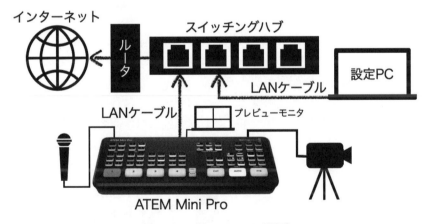

図 9-20《YouTube に配信》

第4項　ライブ配信のエンコーダ

ライブ配信におけるエンコードとは、カメラ映像や音声をインターネット伝送に適した
形式やビットレートに変換することである。動画制作のエンコードという工程と区別す
るため「ライブエンコード」とも呼ばれる。
エンコードを行うものをエンコーダと呼び、ソフトウェアによるエンコーダとハード
ウェアによるエンコーダがある。

1. ソフトウェアエンコーダ

　ソフトウェアエンコーダには、無料の「OBS Studio （旧 Open Broadcaster Software）」と、有料の「Wirecast」が有名である。

　ソフトウェアエンコーダを使用するとき、重要になるのがソフトウェアをインストールするコンピュータの性能である。高性能なコンピュータでないと、ソフトがうまく動作せずライブ配信に支障をきたすことがある。

　また、映像や音声をコンピュータに取り込む際に「キャプチャ」が必要になる。

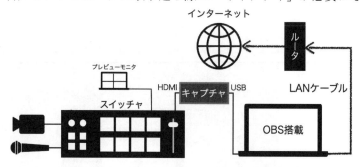

図 9–21《ソフトウェアエンコーダを用いたライブ配信例》

2. ハードウェアエンコーダ

　ハードウェアエンコーダとは、エンコード専用の機器のことである。設定や操作のしやすさと安定性から「LiveShell.X」や「Web Presenter HD」などが良く使われる。

Web Presenter HD の映像信号の入力は SDI、モニタ出力は SDI と HDMI、ウェブカメラ出力が USB-C になっている。

図 9–22《ハードウェアエンコーダ LiveShell.X（左）と Web Presenter HD（右）》

　ソフトウェアエンコーダの場合と異なり、キャプチャボードは不要で、ハードウェアエンコーダに HDMI ケーブルなどで映像と音声を取り込めるので、パソコンの性能に左右されず安定した配信が期待できる。

　また、エンコーダに映像と音声を取り込むには音声入力のあるスイッチャを使用し、複数のカメラ映像やパワーポイントなどの資料映像を切り替えたり、組み合わせたりできる。これが、ハードウェアエンコーダを用いる利点である。ハードウェアエンコーダ自体は、接続・設定手順も比較的シンプルである。

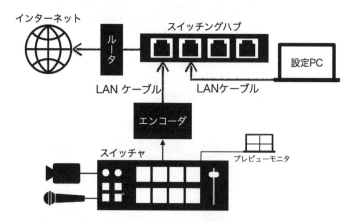

図 9–23《ハードウェアエンコーダを用いたライブ配信例》

第5項　使用例

図9–24は、予備回路を設けて主回路（primary）が不具合を起こしたとき、自動的に予備回路（secondary）に切り替わるようにしたものである。

これは配信において最もトラブルが多いエンコーダを2系統にした例で、予備回路を別のインターネット回線にすれば、さらに安全である。

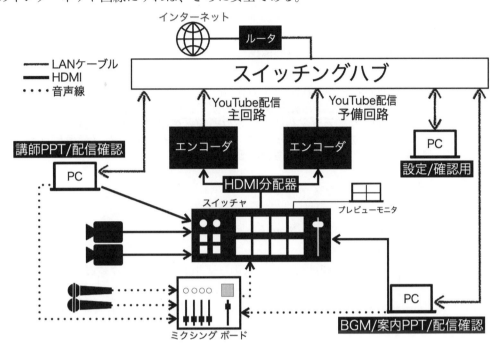

図9–24《予備回路を設けた例》

図 9-25 は、一体化されたスイッチャである VR-6HD の USB STREAM の USB-C 型出力端子をコンピュータに接続して設定し、会議システムのカメラとマイクの入力として使用できるようにしたものである。この場合、USB-C のケーブルは USB 3.0 以上に対応したものを使用しなければならない。

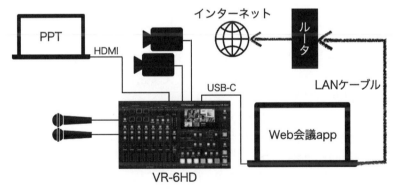

図9–25《Web 会議アプリケーションに動画映像と音声を接続する例》

【A】　注意事項

配信で最も注意することは、次のようなことである。

A.1. 有線 LAN を使用

Wi–Fi は電波障害を起こし易く、データの伝送速度、伝送量も有線に比べて少ない。冗長化できるのであれば、有線 LAN とモバイル SIM を併用するなどして安定した配信を心掛ける。

A.2. ネットワーク内に接続されている機器に注意

IP アドレスの重複やセキュリティなどによる制限に気を付ける。劇場などの LAN は、施設内の情報が外に漏れないようにセキュリティ設定されていて、外部への配信ができない場合があるので、事前の確認が必要である。

A.3. 回線のスピードをチェック

インターネットは同一回線を多数の利用者が共用するので、時間帯でネット回線の混雑状況が変化する。スピードチェックをして配信する解像度やビットレートを決定する。回線の能力を考えずに高解像度で送出すると「停止」や「コマ落ち」を起こすことがある。

*ビットレート（bit rate, bitrate）は、コンピュータの能力において、単位時間（1 秒）あたりに転送または処理できるビット数である。ビットはコンピュータ処理能力、デジタル通信における情報の基本単位である。
なお、動画のビットレートは「映像ビットレート」と「音声ビットレート」を合算した値であるため注意が必要である。

第 6 項 配信機器の接続ケーブル

1. LAN ケーブル

LAN とは Local Area Network の略で、同一構内で相互接続された情報通信ネットワークのことである。

LAN ケーブルと呼ばれているものは、RJ-45 コネクタを使用し、導線を 2 対で撚り合わせたもので、ノイズに強いのが特徴である。信号の流れる向きが異なる 2 本のケーブルを撚ることでノイズを打ち消し合うという仕組みである。現在、カテゴリーが 5 から 8 まであるが、CAT.5e または CAT.6A で問題なく、伝送距離は共に 100m である。ただし、6A の方が内部構造が強化されており、外来ノイズに対して強い。CAT.5e と CAT.6A の間には、CAT.6 がある。

STP（Shielded Twisted Pair）は「シールド付きのツイストペア」、UTP（Unshielded Twisted Pair）は「シールド無しのツイストペア」のケーブルである。

ケーブルカテゴリー	主な規格	最大伝送速度	伝送帯域	伝送距離	UTP／STP
CAT.5e	1OOOBASE-T	1Gbps	100MHz	100m	UTP または STP
CAT.6	1OOOBASE-TX	1Gbps	250MHz	100m	UTP または STP
CAT.6A	1OGBASE-T	1OGbps	500MHz	100m	UTP または STP

LAN ケーブルは、見て分かるように脆弱である。このケーブルと HDMI コネクタは丁寧に扱うべきであるが、消耗品と考えて常に予備品を多く準備しておくべきである。

2. HDMI ケーブル

HDMI は ケーブル 1 本で映像や音声などを伝送できる。元々、民生機用であったが業務用機器やコンピュータなどでも使用されている。

一般用のビデオプロジェクタでも使用されているコネクタである。

詳細は、第 1 部の映像の第 3 項を参照。

3. SDI ケーブル

このケーブル 1 本で映像や音声などを伝送でき、伝送距離が長い。

詳細は、第 1 部の映像の第 3 項を参照。❖

第3部 連絡装置

第1項 インターカム　intercommunication system

インターカムとは、エンターテイメントやスポーツなどのイベント運営スタッフへの指令などに使用される施設内の相互通信装置で「インターコミュニケーション・システム」の略語で、日本では「インカム」という呼称が定着している。

したがって、劇場やホールなどの運営に欠かせないシステムである。

デジタル化されたインカムは多機能化されており、さまざまな形で利用されている。演劇などでは、各スタッフへのキュー（きっかけ＝操作タイミングの合図）に使用することもあるので、レイテンシーの少ないものでなければならない。連絡に使用する場合でも、会話に支障があるほど遅れては困る。

インカムの有線式には4線方式（4W）と2線方式（2W）、そして無線式がある。

4線方式は、音声の送りと戻りを分けた通信方式で、2線方式に比べて設備費が高額となるが高性能な音声通信ができる。通信線はツイストペア線によるバランス型が基本である。また、相互通信が可能であるが、マイクをオンにし続けると周辺のノイズも送り続けることになるので、プッシュ・トーク方式（話すときだけ送信スイッチを押す）で話すことが多い。送信スイッチをロックして、両手を離して通話することも可能で、これをハンズフリー通話という。

2線方式は、音声の送りと戻りを共通の2本の導線を用いて、有線電話のように同時送受信を可能にしたシステムである。自分の声と相手の音声が同じ回線なので、自分の声が非常に強くヘッドセットから聞こえてしまう。このため一般的に2線方式ではマイクで拾った自分の声と、通信回線から拾った自分の音声を互いに逆相にして合成し、自分の声が小さくなるように作られている。逆相と同相の成分が同じ場合が最も自分の音声が小さくなるので、聞きやすいバランスに調整する。現在、我が国の多くの劇場で用いられている Clear-Com は2線式である。

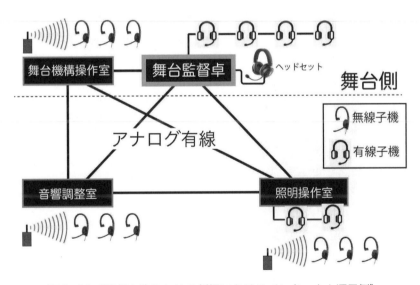

図9-26《演劇上演のための劇場におけるインターカム運用例》

無線方式の子機は、舞台で動き回るスタッフには重宝である。周波数は現在、干渉の少ない1.9 GHz を使用した DECT 方式がよいが、2.4GHz や5GHz の Wi-Fi 帯域を使用する場合は同帯域を使用する他のシステムとの影響を考慮する。使用方法は有線方式と同様、複数の利用者と会話できるパーティーライン（party line）形式で使用することができる。

また、舞台スタッフの部門ごとにチャンネルを別にして使用することが多い。

舞台監督と迫りの乗り場（俳優などを迫りに乗せる場所）など、危険な舞台機構の操作担当者との通話は、安全確保のために電波障害を避けて有線子機を用いるべきである。このような作業がない劇場は無線子機で問題ない。

ヘッドセットとベルトパックは共用を避けて、個々のスタッフに割り当てて、それぞれのスタッフの自己責任で管理すると、感染症流行時の感染予防対策にもなる。

インカムは大音量の中で使用することが多い。大きな低音によりリミッタ機能が作動して通信不能になることもある。そのためには、口に接近させて使用する接話型マイクを用いたノイズキャンセリングのヘッドセットを使用するとよい。また、インカムによる難聴が心配なときは、骨伝導のイヤホンを使用するのもよい。

第2項　ＩＰトランシーバ

トランシーバ (transceiver) は、電波の送信機能と受信機能を兼ね備えた無線通信機で、transmitter（送信機＝ TX）と receiver（受信機＝ RX）とを合わせた造語として TRX と略される。据え置き型の無線機でも、送信機と受信機が一体になっていればトランシーバという。

利用電波によって、特定小電力無線機、簡易無線機、ＩＰ無線機などに分類され、利用するのに免許は不要であるが、使用する電波によって、取得の際に免許や申請を必要とするもの、使用の度に申請が必要なものがある。レンタルの場合は、使用するのに免許や資格は不要である。

ＩＰ無線機、つまりＩＰトランシーバはインターネットを用いたトランシーバで、携帯電話、ＬＡＮ、Wi-Fi、衛星（イリジウム）などの回線を利用し、ＶｏＩＰを運用する。ＩＰ通信が利用できる場所であれば、原理的には世界中どこでも同時運用が可能である。

図 9-27《IP トランシーバ》

ＩＰとは Internet Protocol の略で、デジタル符号化した信号を一定の時間ごとに区切ってパケット化（パッケージ）して送信する方式である。

ＶｏＩＰとは Voice over Internet Protocol の略で、ＩＰネットワーク上で音声通話を実現する技術のことである。音声データを一定の時間ごとに区切ってパケット化して送信し、通信回線の使用効率を高めている。また、混信防止や秘話機能などにもＩＰ技術が利用されている。

ＰＴＴ（push to talk ＝話すときにスイッチを押す）と呼ばれる単信（いずれか1台のみが発信できる）通話方式と複信（双方向同時）通話方式があり、［個別呼出］［グループ呼出］［一斉呼出］［GPS 情報］［写真］［動画］［チャット］など、さまざまな機能の利用が可能である。

デジタルでＶｏＩＰ通信を行っている携帯電話と同じくレイテンシーは大きいので、エンターテイメントなどの合図（キュー）には向かないが、広い会場、遠隔地、多地点間などで開催しているイベントにおけるスタッフ間の連絡用として便利なので、レンタル機器として普及している。

ＩＰトランシーバの利用には、通信料金がかかる。特定小電力無線機や簡易無線機と比較するとコスト面で大きなデメリットになる。いくつかの劇場を結んでのイベントを開催するときの連絡装置としては、機器代と通信料金を含めたレンタルで使用するのが最適である。❖

第10章

電源

　現代社会では、電気がなければ不自由な生活になる。

　舞台機構と照明や音響の設備は、停電すると動作せず公演中止となってしまう。

　また、電気は利用方法を間違えると、感電したり火災などを起こすので、とても危険なものである。また、電気に紛れ込んだノイズは、電動の舞台機器が正しく動作するのを妨げたり、不要な音を発生させたりする。

　そのようなことを防ぐために電気についての知識を身に付けることは、劇場設備を管理するためには不可欠なことである。

第1項 電気の基礎知識

【A】 基本的な単位

　電気が流れようとする力は「電圧」、電気の流れを「電流」、電気を流さないようにする働きを「電気抵抗」または単に「抵抗」という。

　電圧はV（voltage）、電流はI（intensity of electric current）、抵抗はR（resistance）の記号で表す。電圧をE（electromotive force）と書くこともある。

　電圧の単位はV（ボルト：volt）、電流の単位はA（アンペア：ampere）、抵抗の単位はΩ（オーム：ohm）である。

　「一定の導体に流れる電流は電圧に比例し、抵抗に反比例する」というオームの法則がある。

　この3つの関係式は図10-1で求められる。

　図のVを指で隠すとI・Rが残り、「V=I×R」となる。同様に、I=V÷R、R=V÷I となる。

図10-1《オームの法則の関係式》

　電圧は、100Vより200Vの方が電気を流そうとする力が強いことになり、この強さを高い・低いと表現する。

　電流は数値が大きいほど、多くの電流が流れているので、流れる量を多い・少ないと表現する。

　抵抗は数値が大きいほど、電気を流れにくくし、抵抗が大きい・小さいと表現する。

　電気を扱っていると負荷（load）という言葉がよく出てくるが、負荷とは電気的エネルギーを消費する物のことで、すなわち電気で動作する機器のことである。

【B】　電気の種類

B.1. 直流と交流

① 直流

常に流れる方向が変わらない電気、また大きさも変化しない電気のことで、乾電池や
バッテリーなどの電気である。

英語で direct current というので、DC（ディシー）とも呼んでいる。

② 交流

時間とともに、その大きさと方向が周期的に変化する電気のことで、日本で供給されて
いる一般電源は 100V あるいは 200V で、50 ヘルツあるいは 60 ヘルツ である。

英語で alternating current というので AC（エイシー）とも呼んでいる。

B.2. 電圧の分類

① 低圧

直流 750 V 以下、または交流 600V 以下の電圧であり、劇場で使用する電気は低圧であ
る。

② 高圧

低圧を超えて、7000V 以下の電気である。

③ 特別高圧

7000V を超える電気である。

B.3. 交流の詳細

① 電圧の最大値と実効値

発電所から送られてくる交流は図 10–2 のような正弦波で、プラスとマイナスの最大値
を周期的に繰り返す。1 回を 1 周期という。普段使用している交流 100V は実効値で
あって、この最大値は「実効値×$\sqrt{2}$」（$\sqrt{2}$≒1.41）なので、141V になる。

実効値（root mean square value ＝ RMS）は、実際に仕事をする交流の値で、ある電
気抵抗に交流電圧を加えた場合の 1 周期における平均電力と、同じ抵抗に直流電圧を加
えた場合の電力が、互いに等しくなるときの値である。実効値は、「最大値 ÷ $\sqrt{2}$」で求
める。

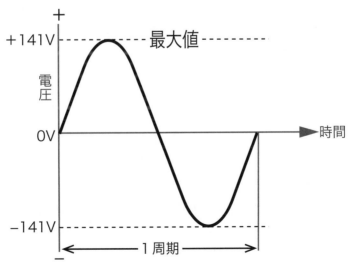

図 10–2《交流の波形》

② 周波数

1秒間にプラスとマイナスを周期的に繰り返す回数のことである。単位は Hz、記号は f である。周波数は高い・低いと表現する。

1秒間に 50 回繰り返すことを 50 ヘルツ（Hz）、60 回繰り返すことを 60 ヘルツ（Hz）という。日本の交流は東日本が 50Hz、西日本が 60Hz である。

【C】 電力とは

「電力」とは電気が行う仕事量のことで、単位はワット（W）である。電圧 V の電源から電流 I が流れているとき、電力 P は次の式で表せる。

$$P = V \times I$$

電力は発電機や電池で作られ、ソーラパネルなどにより個人で作ることもできる。

電力を製造して商品として販売しているのは電力会社で、ここから買う電力を「商用電源」という。

電力には、皮相電力・有効電力・無効電力がある。

C.1. 皮相電力 S ［VA（ブイエー）］ apparent power

電源側から送り出される電力であって、

　S = VI　（V= 負荷に加わる電圧、I= 負荷に流れる電流）となる。

C.2. 有効電力 P ［W（ワット）］ effective power

一般的に消費電力と呼ばれるもので、

　P = VI cos θ　（cos θ = 力率）となる。

*力率とは供給された電力のうち何%が有効に働いたかを示すものである。
電気製品の中には、電子基板の中にコイルやコンデンサといった部品が組みこまれているものが多くあり、コイルやコンデンサに交流がかかると、出力電力が下がる。
その電力の低下する割合を差し引いて有効に使われる割合のことを力率という。

例えば、ある電気製品に電圧を 100V かけて電流が 1A 流れたとすると、電力は 100V×1A ＝ 100W のはずが、実際は 80W しか得られていなかった場合、『力率は 0.8』（80%）となる。このように、力率が高いと、それだけ器具の効率が高いということになるが、電気料金のうち従量料金においては力率の上下は関係しない。しかし、基本料金には関係する。

C.3. 無効電力 ［var（バール）］ reactive power

無効電力「Q」は、負荷が消費しない電力のことで、

　Q = VI sin θ　（sin θ = 無効率）となる。

交流回路のコイル成分（誘導性負荷）により位相遅れの電力を消費し、コンデンサ成分（容量性負荷）により位相進みの電力を消費する。これらの電力が無効電力である。

C.4. 3 種の電力の関係

以上の 3 つの電力は、［有効電力²＋無効電力²＝皮相電力²］という関係が成り立ち、皮相電力量が電力会社に支払う電気料金になる。劇場等の施設受電設備を改善して、力率をできるだけ「1」（100%）に近付けるようにすれば、無効電力が少なくなり電気料金を節約できる。

【D】　送電

電源（power source, power supply）とは電力の供給源である。

電源の種類は、大規模に電力を発生する発電機と、電池（battery）や蓄電池（storage battery）等がある。発生する電流により交流電源と直流電源がある。

電子回路は直流で動かしている。商用交流（発電所から送られてくる電力）を直流に変換して使用するが、その変換装置や回路を電源と呼ぶこともある。

1回線の送電線で送ることができる電気の量を送電容量という。単位はキロワット（kW）で、容量が大きいほどたくさんの電気を送ることができる。

送電容量を上げるためには、電圧を高くして、電流を増やして送るなど、理論上は簡単にできるが、実際には高電圧、大電流の送電技術は「絶縁の問題」や「安全性」、「電圧降下」など、いろいろな面を考慮しなければならない。

このようなことから、送り出した電気エネルギーのすべてが、利用者に届くわけではない。送電線の抵抗などのために、電気の一部は熱となって途中で空中へ逃げてしまう。これを「送電損失」あるいは「送電ロス」という。

交流は変圧器を使用して、簡単に電圧を変えることができる。

これは送電に都合が良く、図10-3のように発電所から特別高圧で送電して、次々に降圧（電圧を低く）して、使用する電圧に変えている。

直流の電気も電圧を変えたり、交流に変換させたりできるが、大電力の変換は容易ではない。

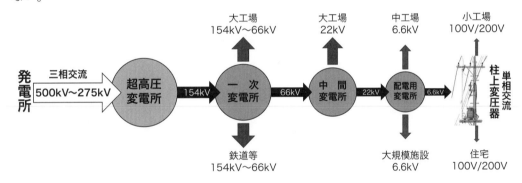

図10-3《送電の仕組み》

発電所から電柱までは、三相交流で送られてきて、電柱上の変圧器で単相交流に変換されて住宅や小工場、または商店や会社の事務所等に送られる。

電気を使用するときは、電圧線は活線（live）と中性線（neutral）の2本の線が必要になる。中性線は電柱上変圧器の接地（アース）されている側で0Vである。活線側は100Vとなっている。コンセントの左側を少し長めにしてある方が中性線である。

電気を供給するためには、往きと還りの2本の線が必要である。

三相の交流を送電すると、中性線を含めて6本の電線が必要になる。ところが、電圧線3本は位相が120°ずつ遅れているので、これを合成すると0Vになり中性線には電流が流れないため中性線は不要になる。そのため三相交流は3本の線で効率良く送電している。

このような考えによって、発電所からの送電は三相交流を使用している。

電柱の最も高いところの3本の電線が三相交流線である。

三相交流の各相をR・S・Tとしているが、これは単なる記号で特別な意味はない。

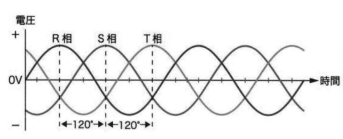 

図10-4《三相交流と電柱》

電源は、電圧・周波数・相数・最大負荷電力などによって、主要な性質を表現するが、特殊な電源装置には以下のようなものがある。

1) 定電流電源：負荷が変動しても出力電流を常に一定の設定値に保つことのできる電源装置である。

2) 安定化電源：通常使用時での負荷電流の変化や入力電圧の変化に対し、負荷への電圧を一定に制御する電源装置である。

3) 無停電電源：電力会社からの電力供給が停止しても、内蔵の充電池を用いて負荷には連続的に電力を供給し続ける電源装置である。

【E】 単相交流

一般家庭で使用するのは単相交流で、大きな施設などでは三相交流を使用している。

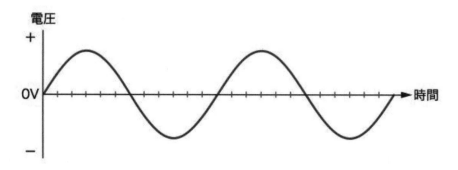

図10-5《単相交流》

【F】 配電

単相2線式は、図10-7のように中性線N（neutral）と電圧線L（live）がある。中性線は電柱のところで接地（アース）されている。この接地を「系統接地」と呼び、変圧器の2次側に施したもので、電気機器の漏電による感電を防止するためのもので、ノイズ対策ではない。電圧線は活線ともいう。

単相3線式は、中性線Nと電圧線L1・L2がある。

三相3線式は舞台機構やエレベータなど動力設備では利用されるが、三相電源はR・S・T各相の電力を均等にしなければならないので、照明や音響の設備では単相3線の200Vを使用することが多い。なお、三相3線は中性線がないので、S相を中性線と見なすことがある。

「対地電圧」とは、電線と接地点または接地側電線との間の電圧のことである。

単相3線式200Vでは、赤（L1）・白（N）間は100V、黒（L2）・白（N）間は100V
となり、赤と黒の電位差は200Vである。系統接地された白線との電位差は赤・黒とも
100Vとなるため、対地電圧は100Vである。

方式	赤	白	黒	青	白	緑または緑/黄
単相2線式	L相	N相 接地相	—	—	—	接地線
単相3線式	L1相	N相 接地相	L2相	—	—	接地線
三相3線式	R相	S相 接地側	S相 非接地側	T相	—	接地線
三相4線式	R相	—	S相	T相	N相	接地線

図10-6《演出空間仮設電気設備指針による電源線の色》

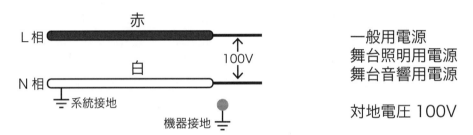

図10-7《単相2線式　L赤、N白、機器接地は緑》

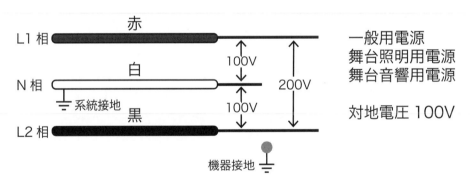

図10-8《単相3線式　L1赤、N白、L2黒、機器接地は緑》

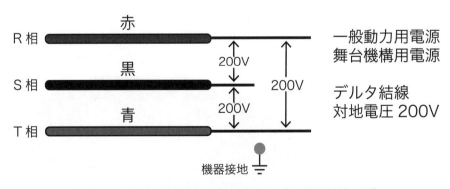

図10-9《三相3線式　R赤、S黒、T青、機器接地は緑》

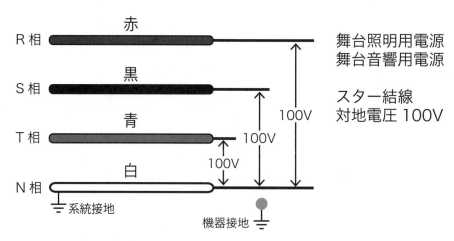

図10-10《三相4線式　R赤、S黒、T青、N白、機器接地は緑》

三相4線式の線間は173Vと表記されていることが多いが、劇場等で線間を利用することはない。また、劇場等の施設受電設備では、N相の系統接地をしないことが多い。

ノイズ対策としては、舞台機構・舞台照明・舞台音響に対して、それぞれ独立した変圧器を通して電力を供給する。また、電源車等の発電設備から電力の供給を受けるときにも、それぞれ別々の発電設備を用意する。

また、劇場等演出空間電気設備指針や演出空間仮設電気設備指針では、安全性確保の観点から、100Vでも接地極付のコンセントを使うよう定めている。さらに照明も灯体のLED化に向けて音響と併用しない専用の接地を設けるべきである。

接地極付のコンセントは奨励されていて、多くの劇場施設や公共施設で使用されている。

舞台で「抜け止め型電源タップ」の使用を奨めるが、抜き差しの回数が多いと接触不良になることもあるので要注意である。

図10-11《接地極付のコンセント、右は抜け止め型》

照明・音響・舞台機構のそれぞれが専用の電源を確保できないときは、電路の途中にノイズカット用トランスを設備する。電力線と信号線が近くに敷設されている場合は、離すとよい。平行して敷設する場合は1m以上、交差している場合は10cm以上離す。

舞台の電気設備は、「ノイズを出さない、ノイズを受けない」が相互原則である。

図10-12《電源ドラムの注意書き》

電源ドラムは、使用時にドラムにコードを巻いたままであると、電線同士が密着し続けることでコードの熱の発散が妨げられ、過熱によって火災の危険性があり、定格電流値が低くなる。

したがって、ドラムに巻いてあるコードを全て引っ張り出し、ドラムにはコードが残っていない状態で使うのが安全である。引っ張り出したコードは、きれいに束ねないで、ばらけた状態がよい。

図 10–13《電源コードの処理》

【G】 接地　（英）earth　（米）ground

いろいろな設備や構造物を電線などで「大地」と電気的に接続することである。接地（アース）が施される設備は、電気設備（電力、信号、通信、無線等）と避雷設備（避雷針、架空地線等）、電気防食設備、誘導障害防止用、静電気除去用など、多くの設備や用途に接地が使用されている。

接地は文字どおり大地へ接続することであるが、電子基板などではシャーシ（筐体）に接続するだけで、実際には接地していない。強電・弱電とも、このように結線することをボンディング（bonding ＝結合）と呼んでいる。

接地の目的は、次の３つに分類される。

G.1. 保安用接地

電気設備の事故による感電や火災を防止するための接地である。

保安用接地は、用途によって４つの種別になっている。

なお、接地線の太さは使用電流で決められる。

工事種類	接地抵抗値	接地線の太さ	概　要
A 種	10Ω 以下	直径 2.6 mm 以上	高圧または特別高圧機器の金属架台および金属ケースなどを接地
B 種	計算値	直径 4.0 mm 以上	高圧または特別高圧電路と低圧電路を結合する変圧器の低圧側中性点（中性点なき場合は低圧側 1 端子）を接地
C 種	10Ω 以下	直径 1.6 mm 以上	低圧機器の金属架台・金属ケース（300V 超え）などを接地
D 種	100Ω 以下	直径 1.6 mm 以上	低圧機器の金属架台および金属ケース（300V 以下、直流電路および 150V 以下の交流電路に設置）を接地

図 10–14《接地工事の種類》

保安用接地には系統接地と機器接地があり、「系統接地」は電柱で施された接地、「機器接地」は電気機器の外箱（筐体）の接地である。

G.2. 機能用接地

電気設備や機器の安定した動作を確保するための接地で、大地を回路の一部として利用する。無線通信における空中線回路や、データセンターにおける情報通信機器用メッシュ接地はこれにあたる。

G.3. 避雷用接地

建築物の保護、人体の保護、電気・電子機器等を保護するための接地である。雷電流を大地に安全に放流することが目的である。

G.4. 接地の施工方法

一般的な電気工事の場合、その施工箇所の土質により得られる接地抵抗が異なるため、必要に応じて銅棒、銅板を土中に埋めて接地線を接続する。一般的には接地抵抗計を用いて抵抗測定を行う。岩盤などのように、目的とする接地抵抗を得るのが難しい土質の場合は、ボーリングを行うこともある。

G.5. 電磁両立性　electromagnetic compatibility（EMC）

電磁両立性とは、電子機器などから発生するノイズが他のどのようなシステムに対しても影響を与えず、加えて影響を受けない耐性があることである。

電磁共存性、電磁的両立性、電磁環境両立性、電磁（環境）適合性とも呼ばれる。

IT機器などにおいては、「電磁両立性」を考慮して、外来のノイズに強く、外部へノイズを放射しないように、シールドケースやシールドケーブル、ノイズフィルタ等を使用している。照明機器や音響機器においても同様の対策が必要である。

G.6. 接地方式

電源系の接地「系統接地」と電源に接続される機器の接地「機器接地」の関係性を「接地方式」と呼んでいる。

国際電気標準会議（IEC）ではTN接地方式・TT接地方式・IT接地方式と分類している。

中性線は大地と同電位の電源配線である。三相交流においては、各相の負荷が平衡のときは中性線に電流が流れないので非接地式が多い。

機器接地とは機器（負荷）の筐体を接地することで、筐体を大地と同電位にして漏電による感電を防止する。

① TN接地方式

中性線Nと機器接地Eが最終的に一つの電位点で大地に接続される方式である。すなわち系統接地と機器接地が同じ接地点に接続されている状態なので、中性線と機器接地が同一電位となるため、落雷などによる異常高電圧やノイズなどによる障害が少ない。欧米の低圧配電線路で用いられている。

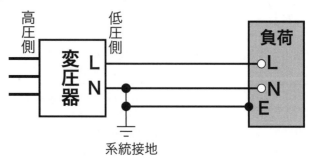

図 10-15《TN 接地方式》

② TT 接地方式

日本で用いられている方式で、中性線 N と機器接地 E が別の電位点に接続されている。そのため落雷やノイズなどにより中性線と機器接地の電位差が大きくなって、機器の破損・異常動作を起こすことがある。

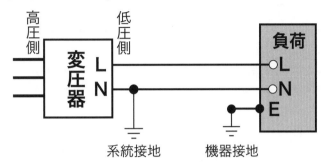

図 10-16《TT 接地方式》

　＊TN 接地方式と TT 接地方式は、主に送配電用の接地方式なので、系統接地が必要である。なぜ系統接地が必要かというと、配線距離が非常に長く、途中の絶縁の確保が難しいからである。また、系統接地をすることによって、変圧器内で混触事故が発生しても、低圧側の電路に高圧の侵入を防ぐという目的もある。

　＊混触とは、変圧器内で高圧電路と低圧電路が接触状態になることで、そのため低圧電路側に高圧が発生する。その予防策として、施設内高圧引き込みの変圧装置では「混触防止板付変圧器」を使用することがある。

③ IT 接地方式

水中で使用する照明器具や人体に直接触れる医療機器などで用いられている方式である。

施設内高圧引き込みの変圧装置に「混触防止板付変圧器」を用いて高圧の混触を防いで、系統接地を施さずに機器接地だけにしている。系統接地を設けたいときは、抵抗を入れて接地する。

柱上変圧器からの電源は、系統接地を切断できないので「絶縁変圧器」を挿入して、系統接地を避けている。

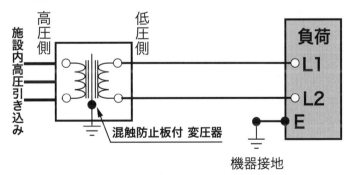

図 10-17《IT 接地方式（施設内変圧で混触防止板付変圧器使用)》

　＊移動用電源設備（電源車）の場合

　中性点接地を仮設接地に接続するが、仮設の接地は常に良好な接地条件が得られるとは限らないので、地絡継電器（ちらくけいでんき＝ Ground Relays ＝ GR）の動作が不完全となるおそれがあるので「TN 接地方式」にしている。

＊地絡継電器とは、電路のケーブルや機器の絶縁が劣化、または破壊され、電路と大地間が接触して起こる地絡事故を検出する機器である。地絡は、一般的には漏電と呼ばれている。

【H】 電源接続器

劇場などでは、100V の交流電源であっても電圧極を揃えることができるので、接地極の付いたものを使用するのが好ましい。

電源を電気機器に接続するために、さまざまな器具があり、業界ごとに、または使用する電圧や電流ごとに規格を統一すべきである。接続器具は、供給側が「コンセント」、そこに差し込む機器側は「プラグ」、延長ケーブルの先に付いているのは「コネクタ」などと呼んでいるので、それらを総合して「電源接続器」と称することにした。

接続器は、信頼できる機関が推奨するもので、製造会社が複数ある製品が安全で永年継続しての使用が可能である。特に、公共施設では簡単に入手できる物がふさわしい。

H.1. C 型

日本の劇場における仮設電源接続器は、舞台照明で標準化されているもので C 型 30A が定番になっていて、音響の機材持込みの場合でも C 型 30A を利用している。200V 用の D 型も標準化されている。C 型と D 型についての詳細は第 7 章「舞台照明」に記載している。

図 10-18《C 型 30A 電源接続器　左からコンセント、コネクタ、プラグ》

H.2. CEE Form　シーフォーム

CEE Form は、欧米で多くの機器に採用されている電源接続器で、国際規格 IEC60309 に準拠したものである。

CEE Form にはロック機能があり、電源供給口にはフタがある。また、指を差し入れようとしても給電部には直接触れられないように、そして挿入時にはアースピンが必ず先に接触するようになっている。

図 10-19《CEE Form 型電源接続器》

極数は 3 極、4 極、5 極があり、用途の違いでコンセントなどの色を変えている。

標準的な CEE Form は、同じ電流量、同じ通常動作電圧、同じ極数、同じ周波数であれば、違うメーカーのプラグとソケットでも互換性を持つよう設計されている。

また、違う電圧や周波数のプラグとコンセントが繋げないように 12 通りの接続パターンを割り当てている。

> ＊ CEE は「欧州電気機器統一安全規格委員会(International Commission on Rules for the Approval of Electrical Equipment)」の略称である。

> ＊ IEC は「国際電気標準会議(International Electrotechnical Commission)」で、電気機器の国際規格を標準化する団体である。

H.3. カムロック（Cam-Lok)

カムロックは、アメリカの Cooper Industries の子会社、Crouse-Hinds Electric Company が製造するコネクタである。独自のロック機構により、安全に大容量の電流を流すことができ、優れた導電性のコネクタであるため、大きな電流を扱うのに適し施設の仮設電源や電源車からの電力供給などに使用している。

カムロックは相ごとに単独の線で接続するので、相をコンセントとコネクタの色で区別している。相の色は演出空間仮設電気設備指針に準拠した電線色にしている。

カムロックコネクタを用いて照明機器や灯体などに直接接続することはなく、分岐用電源盤を経由したり、サイリスタ・ユニット盤に接続して使用している。

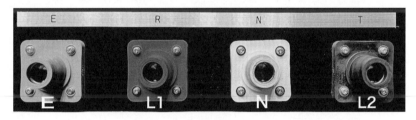

図 10-20《単相 3 線予備電源のカムロック型コンセント》

図 10-21《カムロック型プラグ》

【I】　仮設電源

仮設電源設備は「施設電源」と「仮設電源」に分類できる。

施設電源は、劇場などに設置されている受変電設備から供給される電源のことで、機材を持ち込んで使用する利用者のために設けた電源盤から供給する。

仮設電源は電源車など移動用発電設備で発電された電源である。

図 10-22 で施設電源の設置例を紹介する。施設電源は、舞台や客席の各所に設けられ、C 型 30A のコンセントやカムロックなどで接続できるようにしている。

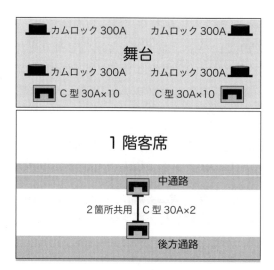

図 10-22《劇場における持込機器対応の仮設電源設置例》

舞台袖後方と前方の上手・下手には主に照明機材用として単相3線300Aのカムロックコンセント、舞台袖の上手・下手にC型30Aが各々10回線、観客席の中通路と後方通路側には共用の（common＝コモン）回路にしてC型30Aを2回路設置してある。

観客席の音響用仮設電源は、照明器具仕様のC型を利用するのが定番になっている。C型のコネクタは電源の極性を揃えることができるので音響用としても推奨できる。

舞台後方のカムロックは、主に仮設の照明器具用であるが、直接器具に接続できないので、C型30Aなどに変換して使用しなければならない。

仮設用として施設電源を使用する場合、電気料金を徴収している施設もある。使い放題にしないことは、節電の一環として奨励したい。

以下は参考例である。

① 持込音響の場合

　5,000円／区分（区分は午前・午後・夜間に分かれている）

　全日使用は15,000円、口数に関係なく同一料金。

② 持込照明の場合

　@220円×kW／区分。

電源車を利用する場合は劇場などでの給電を扱っている会社に発注し、利用者が電圧・周波数・容量を指定すれば、指定電源を供給してくれる。また、発電機の出力に保安器NFB（Non Fuse Breaker）またはMCCB（Molded Case Circuit Breaker）を接続して、カムロックの対応となる。

建築関係の電源車を使用するのは、信頼性の点で好ましくない。

第2項 電気用品安全法

1961年に制定された電気用品取締法が抜本的に改正され、2001年4月1日に電気用品安全法として施行された。

電気用品安全法とは、電気用品による危険及び、障害の発生を防止することを目的とする法律である。約460品目の電気用品が対象として指定されており、電気用品を製造・販売する場合、この電気用品安全法に基づいて、安全性に関する技術基準に適合しているかどうかを確認する義務がある。

電気用品を製造または輸入を行う事業者は、法に定められた手続きなどの義務を履行し、電気用品に PSE マークを表示しなければならない。PSE は Product Safety Electrical Appliance and Materials の略である。

　電気用品安全法では、電気用品を「特定電気用品」と「特定電気用品以外の電気用品」の 2 種類に分類している。

1) 特定電気用品：電気用品の中でも、特に安全性を重視する 116 品目が指定されている。登録検査機関による適合性検査と工場検査が必須となっている。ひし形の PSE マークを表示する。

2) 特定電気用品以外の電気用品：特定電気用品に該当しないが、電気用品安全法の対象となる電気用品 341 品目が指定されている。丸形の PSE マークを表示する。

図 10-23《PSE 適合マーク 左が特定電気用品、右が特定電気用品以外の電気用品》

日本国内で使用するには、輸入製品であっても 100V で使用できるように、平行型であって接地線が付いている電源ケーブルを同梱して出荷している。

第 3 項　電気測定用機器と用法

電気は目に見えないので、測定器で確認する。これらの測定は主に照明機器・設備で行われる。

1. 検電器

「検電器」は、電気機器や電気回路に電気が通っているかどうかを確認するための機器である。電気工事や点検は、原則として対象となる電気回路を停電させた状態で実施するが、もし回路の一部に電気が通っていて、作業者がそのことに気づかずに触れてしまえば感電事故につながる。安全に作業を行うために、作業を行う前に検電器による確認が欠かせない。

電源コンセントの活線 L と中性線 N が正しく接続されているかも確認できる。

「検電ドライバ」も簡単な検電器として、多く用いられている。

図 10-24《左から検電ドライバ、検電器、クランプメータ　三和電気計器社製》

177

2. クランプメータ

「クランプメータ」は、回路を切断することなく、電流の流れている導体をクランプ部分に挟み込むことで電流を測定する。測定する電線は、クランプの中心になるようにすると正確な電流値となる。この測定器は電流の他、交流電圧の実効値なども測定できる。

3. 絶縁抵抗計

「絶縁抵抗計（メガテスタ）」は、スポットライトやコンセントなどの長期使用によって、絶縁劣化による漏電で起こる感電や火災の危険を予防するために使用する、絶縁抵抗値の測定器である。

絶縁抵抗測定は、直流電圧で測定するので測定する前に、測定器の電池の残量を確認し、正しい試験電圧を発生させて、正しく測定できるようにする。

デジタル表示の絶縁抵抗計の場合、デジタル表示器に電池残量の表示があり、アナログメータの場合は電池残量確認用の LED ランプがあるので、測定中も常に表示されていて確認できる。

測定手順は次のようになる。

電気回路と接地間の絶縁抵抗の測定方法

 ① 負荷と電源を切り離し、停電状態にする。

 ② 検電器を使って、停電状態であることを確認する

 ③ 試験電圧を設定する

 ④ 測定器具（負荷）を使用状態にする。

 ⑤ 絶縁抵抗計の E 端子のプローブ（probe、リード棒）を接地線に、L 端子のプローブを負荷側に接続し、測定ボタンを押して測定する。

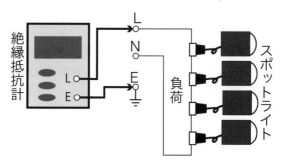

図 10-25《電気回路と接地間の絶縁抵抗の測定例》

単相 2 線	L-E 間、N-E 間の 2 種類
単相 3 線	L1-E 間、L2-E 間、N-E 間の 3 種類
三相 3 線	R-E 間、S-E 間、T-E 間の 3 種類
三相 4 線	R-E 間、S-E 間、T-E 間、N-E 間の 4 種類

図 10-26《電気回路と接地間の測定箇所》

電線相互間の絶縁抵抗の測定方法

 ① 負荷と電源を切り離し、停電状態にする。

 ② 検電器を使って、停電状態であることを確認する。

 ③ 試験電圧を設定する。

 ④ 接続してある負荷を取り外す。（電球を外すまたはコンセントからプラグを抜く）

⑤ 絶縁抵抗計のE端子とL端子のプローブをブレーカの負荷側に接続し、測定ボタンを押して測定する。

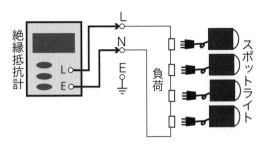

図 10–27《電線相互間の絶縁抵抗の測定例》

単相2線	L-N 間の1種類
単相3線	L1-N 間、L2-N 間、L1-L2 間の3種類
三相3線	R-S 間、S-T 間、T-R 間の3種類
三相4線	R-S 間、S-T 間、T-R 間、R-N 間、S-N 間、T-N 間の6種類

図 10–28《電線相互間の絶縁抵抗の測定箇所》

図 10–29《絶縁抵抗計　三和電気計器社製》

測定する回路の絶縁抵抗には、大きく分けて「抵抗性」と「容量性」がある。絶縁抵抗測定は直流電圧を加えて行うので、測定中は容量性絶縁抵抗（コンデンサ）に充電される。

測定が終わった後、容量性絶縁抵抗に充電されたままにすると感電する恐れがある。

絶縁抵抗計には、それを放電する機能が備わっているので、次の手順で放電する。

① 測定器の測定ボタンを離すと、絶縁抵抗計の内部ですぐに抵抗に接続されるので、プローブは被測定物に付けたままにする。
② その抵抗に充電電流が流れて、容量性絶縁抵抗は放電される。
③ 放電中は高圧発生を示すLEDが光り続ける。
④ LEDが消えれば放電終了なので、プローブを外す。

電気設備技術基準では、対地電圧「150V以下で0.1メグオーム以上」、「150Vを超え300V以下で0.2メグオーム以上」、「低圧で300Vを超えるものは0.4メグオーム以上」の絶縁抵抗値が必要とされている。❖

あとがき

　この教本の執筆にあたっては、とても多くの方々からご意見をいただきました。

　日本音響家協会会員のサポートチームの方々には得意な専門分野の知識を、アドバイザの方々には貴重な業界事情などをご教示いただきました。また、メーカーや劇場等の方々からは図版や写真を提供していただきました。心より感謝申し上げます。

　本書は、最新の設備を所有する劇場ではなく、その施設で働く全スタッフが利用者（主催者や出演者）と観客に喜ばれる運営をしていることで、リスペクトされている公共ホールを目安としました。中には、長いこと使用している設備を大切に活用している劇場もあることから、伝統的な劇場も含めて、古来の劇場の考え方の踏襲を促すことも目的の一つです。

　例えば、吊りバトン設備は現在でも手引きの劇場もあります。その劇場を運用するためには、吊りバトンの基本を知らなければならないし、更に対応できるスタッフが必要です。AIを駆使した緞帳の上げ下げは、果たして操作者の呼吸による手動操作を超えられるのか、なども考慮して劇場技術の運営に当たらなければなりません。

　また、劇場技術の仕事に初めて携わるときは、舞台技術全体を理解してから、それぞれの専門家として成長し、最後は舞台技術全体をマネジメントすることになります。そのためには「誰のため、何のため」の劇場なのかを肝に銘じて仕事をすべきなのです。

　そして、出演者は危険な舞台上でも安心して演じられるよう、お客様はそれを鑑賞し満足してお帰りいただけるよう、劇場の全スタッフはそれを目標に働くのです。

　劇場内の全員が怪我もなく安全に、劇場設備も正常に動き、そして見事なパフォーマンスを観客に提供することが「劇場技術マネジメント」の基本ではないでしょうか。

　出版にあたっては編集者の糸日谷智孝さん、戸張浩一さん、奈良 暁さん、丹羽 功さん、平野克明さんにより丁寧に校正をしていただき、感謝の念に堪えません。

　また、制作の志手秀也さんには、格別なご配慮をいただき迅速かつ円滑に編集業務を推進させていただきました。

筆者

索引

■劇場技術マネジメント（GGM）教本出版サポートチーム

浅原康二、浅原勇治、阿部富美雄、網野岳俊、石井 眞、市川 悟、糸日谷智孝、稲生 眞、伊代野正喜
大津直規、奥山竜太、押谷征仁、小野隆浩、加藤りな、金子彰宏、小林純一、須藤高宏、高木智裕
高崎利成、高野 仁、鷹栖 了、武田武雄、坪田栄蔵、戸張浩一、奈良 暁、西畠 理、丹羽 功
橋本公伸、平山 亮、深尾康史、前川幸豊、溝口修一、三好直樹、持丸 聡、山口雅照、山本広志

■アドバイザ

小川幹雄、平野克明、藤崎 遊、湯澤 薫

■写真・図版提供

ウシオライティング株式会社、宮内庁式部職楽部、国立能楽堂、ザ・ゴールドエンジン
三精テクノロジーズ株式会社、株式会社谷沢製作所、株式会社永田音響設計、びわ湖ホール
株式会社松村電機製作所、丸茂電機株式会社、ヤマハサウンドシステム株式会社
株式会社ヤマハミュージックジャパン、滝 善光

■参考・引用書籍

『演劇百科大辞典』早稲田大学演劇博物館編　平凡社刊

『音楽大百科』　平凡社刊

『日本の伝統芸能』　国立劇場編

『芝居おぼえ帳』　川尻清潭著　国立劇場編

『舞台美術の基礎知識』　滝 善光著　レクラム社刊

『サウンドバイブル / 劇場音響技術者教書』　八板賢二郎著　兼六館出版刊

『音で観る歌舞伎』　八板賢二郎著　新評論刊

『THEATRE WORDS』Sttf

『プロ音響データブック』　日本音響家協会編　リットーミュージック刊

『舞台・テレビジョン照明　基礎編 2008』　公益社団法人日本照明家協会編

『舞台・テレビジョン照明　基礎編 2021』　公益社団法人日本照明家協会編

『舞台テレビジョン照明　電源の基礎知識』　公益社団法人日本照明家協会編

『オペラへの招待』　ディガエターニ著　新書館刊

『オペラと歌舞伎』　永竹由幸著　丸善ライブラリー刊

『TV・舞台装置の構造計画』　菅野起徳著　フロムライフ刊

『ノイズと電源のはなし』　伊藤健一著　日刊工業新聞社刊

『アースのはなし』　伊藤健一著　日刊工業新聞社刊

『舞台装置用語解説抄』　国立劇場養成課研修用教材

『SOUND A&T No.96　映像技術セミナーの実施報告』　坪田栄蔵著

『SOUND A&T No.103　初歩のネット配信』　溝口修一著

『SOUND A&T No.107　デジタル信号ケーブルの基礎知識』　西畠 理著

『問題は、ビジネスセンスを磨くことだ！』　吉越浩一郎著　WAC 刊

● GGM team　構成団体：一般社団法人日本音響家協会／一般社団法人日本舞台監督協会

●出版スタッフ
制作　志手秀也（兼六館出版株式会社）
企画　GGM team
編集　糸日谷智孝 / 戸張浩一 / 奈良 暁 / 丹羽 功 / 平野克明
図版製作・レイアウト　八板賢二郎
表紙デザイン　倉敷印刷株式会社

八板 賢二郎（YAITA Kenjiro）プロフィール

1966年から特殊法人国立劇場（現 独立行政法人日本芸術文化振興会）にて音響を担当。

以来、雅楽・能楽・歌舞伎・文楽・日本舞踊・寄席芸能・沖縄芸能などの上演に従事。

傍ら、現代演劇やミュージカル、オペラ、ジャズなどの音響デザインを手掛け、伝統芸能の海外公演や他ジャンルとのコラボレーション公演に多数参加。

2010年：公共劇場を快適に利用していただく取り組みについて研究をする「ザ・ゴールドエンジン」を設立。

2019年：文化庁長官表彰を賜る。

著書に、音で観る歌舞伎（新評論）、サウンドバイブル（兼六館出版）、マイクロホンバイブル（兼六館出版）、プロ音響データブック 共著（リットーミュージック）がある。

現在、一般社団法人日本音響家協会会長。

趣味は、映画・ジャズ・オペラ鑑賞。

ザ・ゴールドエンジン

https://geng-org.jimdofree.com
（自著の内容修正、正誤、加筆の情報を掲載しています）

劇場技術マネジメント教本
　2023年9月1日 発行

発　　行：兼六館出版株式会社
著　　者：八板　賢二郎
発行者：西村　弥生
発行所：兼六館出版株式会社
　　　　〒102-0072　東京都千代田区飯田橋 2-8-7
　　　　TEL.03-3265-4831　FAX.03-3265-4833
　　　　振替番号　東京 00180-7-18129
　　　　http//www.kenroku-kan.co.jp
印刷所：倉敷印刷株式会社
ISBN 978-4-87462-084-7　C3073